"なでる"だけの簡単ケアで
美肌も小顔もスリムボディも!

ナチュラル かっさケア Beauty

薄井理恵
Rie Usui

阪急コミュニケーションズ

はじめに

「美」の基本は全身ケア

美容といえば、一番気になるのは「顔」という声が多いかと思います。
露出度が多い顔はしわ、たるみ、シミなどが目立ち、
女性の悩みは尽きません。
ついつい「顔をどうにかしたい！」と化粧品を変えたり
マッサージをしたり、「顔」を集中的にケアしていませんか？
残念ながら、顔のハリ、つや、透明感を保つには、
顔だけケアすればいいということではありません。
あくまでも、顔は全身の一部です。
一部分だけ10歳若返らせるなんてことはできません。

しかし、本書で紹介する「ナチュラルかっさケア」なら、
顔のお悩みを改善すると同時に〝全身若返る〟ことができます。
ひとつの症状だけを追いかけるのではなく、
常に体全体のバランスを整えることを大切にしているからです。
体の隅々までめぐっている「経絡」を意識してなでることで、
全身のバランスを整え、さまざまな症状を一気に解消しましょう。
簡単で、かつ、とてもよくばりなセルフケア方法です。
でも、やっぱり即効性がほしい！　いますぐ効果がほしい！
という方も多いでしょう。ご安心ください。
本書では、特に効果が期待できるツボを、えりすぐって紹介してます。
時間がないとき、より手軽にケアしたいとき、
あるいはオフィスで、電車の中で(!?)、いつでも押すことができます。
なでるもよし、押すもよし。
お好きなほうで、ぜひとも、お試しください。

ナチュラルかっさケアBeauty 目次

ボディ編

アンチエイジング――経絡ビューティーメソッド

巻末付録　ツボの効果と探し方

INTRODUCTION

基礎編

そもそも「かっさ」って何?

―― 誰でも・簡単・お手軽な、究極のセルフケア法です

かっさ（刮痧）は中国に古くから伝わる民間療法のひとつで、その歴史は２０００年以上になるといわれます。

「刮痧」の「刮」は「こする」、「痧」は「瘀血《おけつ》（血液の毒素）」という意味。つまり、石や陶器などの「かっさ板」を使って体をこすり、老廃物などを体外に流し出すというのが、かっさ療法です。

中国では現在、かっさ療法は中国伝統医学（中医学）の必須科目になっていて、基本的かつ重要な療法とされています。最近では美容分野にも用いられ、一般にも人気が定着してきています。

誰でも簡単にできるセルフケア

伝統的なかっさ療法は、こすった際に出てくる「痧」を重要視します。「痧」とは、皮膚の表面に現れる皮下出血のようなもので、その色や形、出た部位によって病気の原因や性質などがわかります。

その一方、こすった部分がヒリヒリしたり、アザのようになった「痧」が消えるのに何日もかかったりします。

そこで、わたしは、〝こする〟というより軽く〝なでる〟だけで効果があり、誰にでも簡単に行えるケア方法を考えました。

わたしが20年近く行ってきた「経絡治療」の良さを最大限に活用し、誰でも簡単にできて、なおかつ確実に効果が得られる「セルフケア」を目指し、試行錯誤の末にあみ出した方法です。

「経絡」はエネルギーの通り道

東洋医学の概念では、人の体にはエネルギーの通り道があります。これを「経絡《けいらく》」といい、その中には、生きるために不可欠な「気血《きけつ》」というものが流れています。

気血とは、簡単に言うと、目に見えない生命力エネルギー「気」と、目に見える血液、リンパ液、汗などの「血」のことです。

そして、経絡上には気血が滞ると反応の出やすいポイントがあります。これが、いわゆる「ツボ」です。

体全体では、主に14種類の経絡が張り巡らされていて、それぞれに関係する臓腑があります。だから、体のどこかが悪くなると、そこと対応した経絡上にあるツボが凝ったり、ほてったり、痛みが出たりするのです。

つまり、ツボは、体の悪いところを映し出してくれる鏡のようなもの。ツボを刺激すれば、おおもとの不調の改善につながるというわけです。

ツボは探さず、経絡ごと流す！

経絡と同じように、全身のあらゆるところにあるツボ。実は、ＷＨＯ（世界保健機関）によって世界統一基準が定められています。その数、なんと３６１。

これらすべてを覚えるのは、プロの鍼灸師でも大変なこと。そこで、多くの鍼灸師は、３６１の中から要《かなめ》となるツボ、「要穴《ようけつ》」を中心に治療しています。

しかし、この要穴だけでも何十個もあるので、「自分で手軽にケアしたい！」と思う一般の方にはおすすめできません。

では、どうすればいいかというと、狙いたいツボがある経絡をかっさ板で流してしまうのです。こうすることで、たくさんのツボを一気にまとめて刺激することができます。もちろん、複数の経絡をまとめて流すことも可能。

難しいツボを覚えなくても大丈夫。かっさ板で軽くなでるだけで、一度にたくさんの経絡・ツボに働きかけることができる——だから、かっさはセルフケアに最適の方法なのです。

かっさケアで〝美〟を手に入れる！

セルフケアに最適なかっさ。健康にはもちろん、美容にもピッタリです。

まず、経絡は顔にも、たくさん走っています。かっさ板でなでることで、血行を促進させて、気血の滞りによるむくみ、たるみ、くすみなどを改善できます。

また、経絡がたくさんあるということは、ツボもたくさん密集しているということ。サッとなでるだけで、一度にたくさんのツボをまとめて刺激することができます。

ツボを覚えるのは苦じゃない方、また、顔を直接なでることに抵抗がある方は、ツボを押すのもいいでしょう。かっさ板なら、やわらかく無理のない刺激を与えられます。

さらに、天然石のかっさ板なら、温めたり冷やしたりすることで、手でマッサージするのとは違う効果が得られます。温めたかっさ板は肌の緊張をほぐし、血流をよくする効果が高まります。冷やしたかっさ板は肌を引き締め、リフレッシュ効果や化粧ノリをよくする効果も。

かっさ板によっては、肌の余分な皮脂を取り除いてくれ、きめを整える効果もあります。

なにより、美容の基本は全身ケア。かっさケアなら、かっさ板ひとつで、体から顔まで、全身を簡単にケアすることができるのです。美を追い求める女性にとって、究極の美容ツールといえるでしょう。

「ナチュラルかっさケア」の特徴

――「深呼吸」「丹田」「天然石」のトリプルパワーで効果倍増！

かっさ板で手足をサーっとなでるだけ。それが、かっさケアの大きなポイントですが、もっと確実に効果がほしい！　という人のために、わたしが考え出したのが「ナチュラルかっさケア」です。キーワードは「深呼吸」「丹田」「天然石」。

深呼吸で肌に弾力と透明感を

ストレッチなどのエクササイズでも深呼吸が重要視されますが、かっさケアの場合も同じ。深呼吸しながらかっさケアを行うと、さらなる相乗効果が期待できます。

深呼吸をすることで、体内にたくさんの酸素を送られます。すると、血行がよくなり、免疫力や自然治癒力が高まります。血液循環がよくなるので、体温が適度に上がり、肌のターンオーバー（新陳代謝）が活性化されて、肌に弾力と透明感が出ます。

冷え性だって改善されます。また、深呼吸＝腹式呼吸なので、腸の動きが活発になり、便秘も解消。脳にたっぷりと新鮮な酸素が補給されることで、自律神経が調整され、リラックス効果や、イライラや不安感の解消にもつながります。

「丹田《たんでん》」とはおへその下、下腹部のこと。東洋医学では生命の源といわれ、ここを温めることで生命力や自然治癒力を高めることができます。

丹田を温めてアンチエイジング

生命力が高まると、自然と体温が上がり、すべての細胞が活性化し、アンチエイジングの効果が期待できます。また、脂肪燃焼しやすい体となるので、ダイエット成功への近道にもなるのです。

丹田を温めるのに一番いい方法が、温めたかっさ板で丹田をなでること。もちろん、常温のかっさ板でも、下腹部がぽかぽかしてくるまでやさしくなでれば、免疫力をアップさせることができます。

天然石でホット&クールなかっさケア

かっさケアに使われる「かっさ板」は、水牛の角、翡翠などの玉石《ぎょくせき》、天然石、陶器などの素材が使われます。

しかし、わたしは断然、天然石にこだわります。

天然石の最大の利点は、温めても冷やしても使えること。温めた石は、血行を促進し、筋肉をほぐす効果があります。反対に冷たい石は、熱をもっているところを冷やすほか、精神的にも深いリラクゼーション効果が期待できます。

天然石は熱伝導率が非常によいので、少しお湯に浸しておくだけで、すぐにホットかっさになり、冷たい水にさらすだけで、あっという間にクールかっさの出来上がり。ホットはぽかぽか、クールはひんやり。どちらも、とても気持ちいいですよ。

また、適度に重みがあるので、ケアを行う際に強い力を必要としません。凝った肩を自分でもむと指が痛くなりますが、石のかっさ板なら少しの力を加えるだけで、十分に気持ちのいい刺激を与えられるのです。

天然石オリジナルかっさ板

「ナチュラルかっさケア」は、かっさ療法の本場・中国で、わたしが実際に選んだ天然石で作った、オリジナルかっさ板を使用することを前提としています。

この石は、中国で古くから名石として知られる「泗濱浮石《しひんふせき》」と同じ山から削り出されたものです。美しい黒色と、なめらかな肌ざわりが特徴で、男女や年齢を問わず、誰にでも気軽に使っていただけます。

このオリジナルかっさ板は、前作『ナチュラルかっさケア』についているほか、インターネットでも販売しています。こちらは、やや高級バージョンですが、本格を求める方は、ぜひ（詳細は92・94ページをご参照ください）。

もちろん、すでに別のかっさ板をお持ちの方は、それを使っていただいても構いません。

その際に注意していただきたいのが〝肌すべり〟。なでたときにひっかかりがあると、摩擦が大きく、肌に余計な負担がかかってしまいます。かっさ板を肌に当てて、軽くなでてみたとき、少しでも肌に引っかかる感じがあるようでしたら、必ず潤滑油となるクリームかオイルを使用しましょう。

　オリジナルかっさ板は、触っていただけるとわかるのですが、石とは思えないほど、とてもすべすべしています。これが、お肌にとてもやさしいのです。

　とはいえ、じっくりケアしたいときや、顔など刺激に弱い皮膚をなでる際には、あらかじめクリームやオイルを塗っておくことをおすすめします。

「経絡」と「ツボ」を知る

―― 意識してなでることで効果が格段に上がります

全身に張り巡らされているエネルギーの通り道「経絡《けいらく》」と、経絡上にあってエネルギー（気血）が滞っていると反応の出やすいポイント「ツボ」。

経絡は、単に体表のツボとツボをつなげただけのものではなく、体内に深く入り、臓腑と連絡しています。そのため、体や内臓のどこかが悪い場合、そこと対応した経絡上のツボにこり、圧痛、冷え、ほてりなどの症状が出ます。ツボは、体の悪いところを映し出してくれる鏡といえるのです。

主な経絡は、臓腑の名前がつけられている12種類の経絡に、「任脈」「督脈」を加えた14経絡です（「任脈」「督脈」は12経絡を調整する働きがあります）。

たとえば「胃経」は胃に関係した経絡で、胃に異常があると胃経の上に反応が出ます。ですから、胃経の上にあるツボを刺激することで、胃の症状改善へとつながる、というわけです。

12経絡の名前と、それぞれが関係する健康・美容の症状は次のとおりです。

12経絡	健康	美容
肺経《はいけい》	せき、ぜんそく、息切れ、風邪、皮膚、鼻、のど、気管支、肺などの呼吸器系、体温調整、免疫機能	毛穴トラブル、乾燥肌、むくみ
大腸経《だいちょうけい》	下痢、便秘、歯痛、五十肩	便秘による肌荒れ、ニキビ、吹き出物、肩こり、首のしわ
心包経《しんぽうけい》	精神的なストレス、動悸、胸の痛み	ストレスによる肌トラブル、二の腕、眉間のしわ
三焦経《さんしょうけい》	むくみ、排尿障害、リンパに関係（全身の気をコントロール、水液代謝調整）	頬のたるみ、顔のむくみ、目のくま、肌のつや
心経《しんけい》	胸痛、動悸、精神不安定、不眠	ストレスによる肌トラブル、二の腕
小腸経《しょうちょうけい》	胃腸が弱る、肩こり、首から肩、腕の痛みやしびれ、下痢（栄養吸収に関係有り）	首・肩こりからくる眼精疲労による目元のしわ、顔のしわ、たるみ、二の腕
肝経《かんけい》	月経痛、月経異常、視力減退、爪の異常、イライラ（精神不安定）	肝斑、目のクマ、肌のくすみ、怒りっぽくなり眉間にしわ
胆経《たんけい》	消化不良、決断力低下、耳鳴り、めまい、頭痛	目のクマ、額のしわ
腎経《じんけい》	月経異常、更年期障害、膀胱炎、むくみ、耳鳴り、物忘れ、腰痛、老化	肌のたるみ・しわ、むくみ、肝斑、アンチエイジにはかかせない
膀胱経《ぼうこうけい》	尿の回数が増える、または減る、むくみ、腰痛、背中の痛み	顔のむくみ、足のむくみ、顔のたるみ・しわ
脾経《ひけい》	胃腸の症状、腹部膨満感、下痢、食べるとすぐ眠くなる、痰が出る	唇の荒れ、肝斑、肥満、大人ニキビ
胃経《いけい》	食欲不振、消化不良、吐き気、むかつき、胸やけ、口臭、のどの痛み、足のしびれ・痛み、歯痛	顔のたるみ・しわ、肥満、大人ニキビ、食欲亢進

大事なツボは手足の先に！

重要な12の経絡は、手の先、または足の先から始まったり終わったりしていて、ツボも、指先からひじまで、つま先からひざまでに集中しています。

つまり、忙しくて全身ケアができない場合でも、手足をケアするだけで、体のいろいろな働きを調整することができるのです。

特に、手足の指先（爪の生え際近く）には「井穴《せいけつ》」というツボがあります。ここは、それぞれの経絡の気が出るところ。ここを刺激することで、にぶっている気の働きを調整できます。

この「井穴」と、「滎穴《えいけつ》」（指や手のひら、かかと、足の裏にある）、「兪穴《ゆけつ》」（関節近く）、「経穴《けいけつ》」（関節、前腕、下腿）、「合穴《ごうけつ》」（ひじ、ひざの関節周囲）の４つをあわせて「五行穴《ごぎょうけつ》」と呼びます。

このほかにも、手首には６つの経絡の「原穴《げんけつ》」が集中しています。原穴は、それぞれの経絡を代表するツボです。ここを刺激することで、それぞれの経絡の働きが良くなり、体中に元気が出るとされています。

骨や筋肉のすきまにある「郄穴《げっけつ》」、経絡同士を連絡する「絡穴《らくけつ》」など、手足は、あなどれないツボの密集エリアなのです。

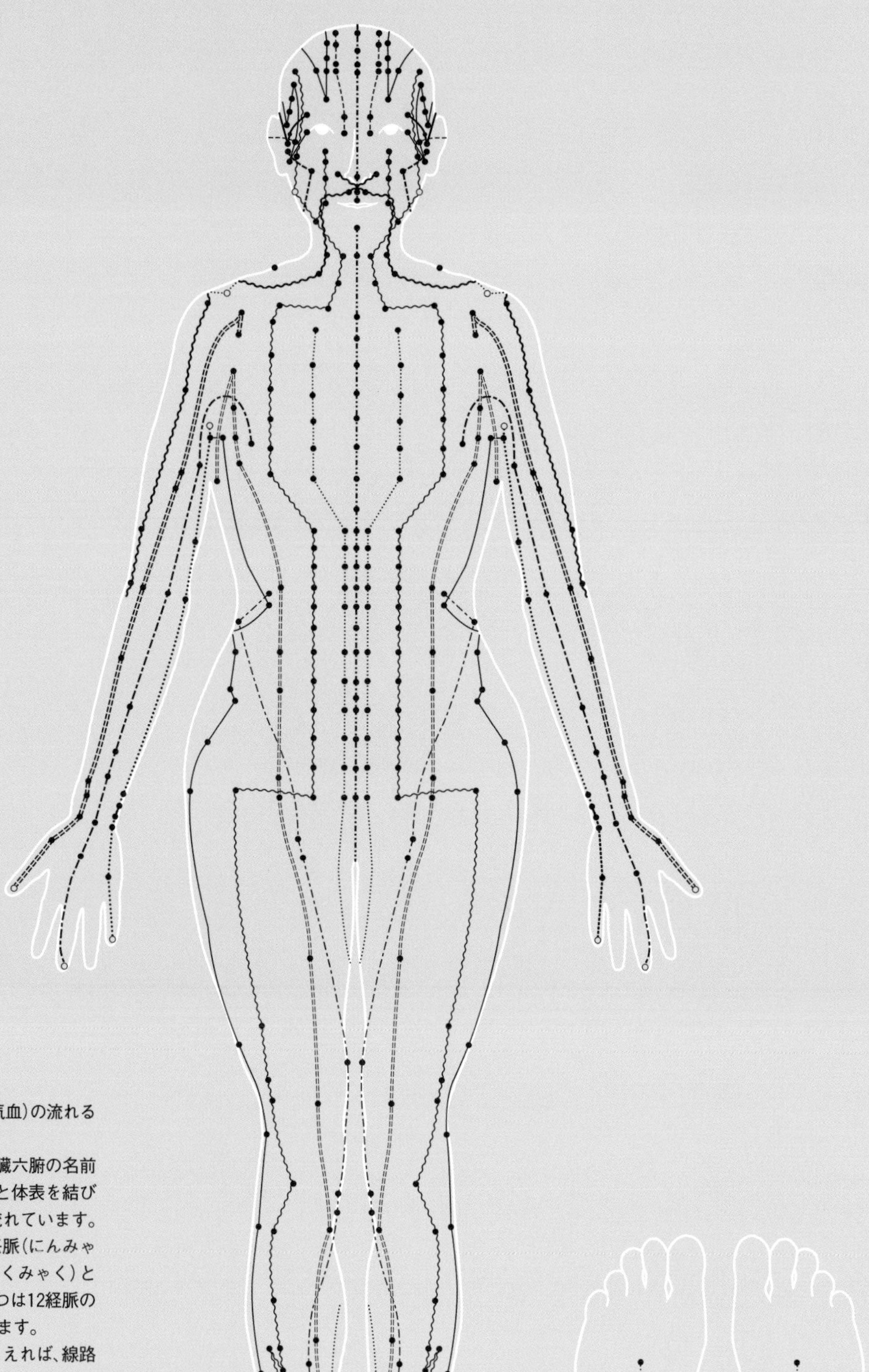

経絡は生命エネルギー（気血）の流れる通路です。

主な経絡は12本あり、六臓六腑の名前がつけられており、臓腑と体表を結び全身をくまなく上下に流れています。さらに体の前面中央に任脈（にんみゃく）、背面中央に督脈（とくみゃく）という経絡があり、この２つは12経脈のエネルギーを調整しています。

経絡を電車の線路にたとえれば、線路上の駅がツボです。

体が健康であれば臓腑の働きも正常であり、経絡を通してエネルギーが体の隅々にまで運ばれます。逆に臓腑の働きが乱れると、経絡を通して関連する部位、ツボに反応が現れます。

体表にある経絡をかっさでなでることで、その刺激は経絡を伝わって調子の悪い臓腑の機能を整えることができるのです。

「ナチュラルかっさケア」の基本

——もっとも効果的で楽チンな使い方を覚えましょう

※ケアを始める前の注意点

ナチュラルかっさケアは「なでるだけ」の簡単ケアですが、効果は非常によく出ます。少しなでただけでも気血のめぐりがよくなり、体調に変化が表れますので、以下の注意事項を守ってご使用ください。

◎病気や発熱時はケアを控えてください。

◎重傷疾患のある方は、かかりつけの医師と相談しながら行ってください。

◎傷やケガ、湿疹などがある場合には患部に触れないように注意してください。皮膚が炎症を起こしている場合は控えましょう。

◎妊娠の可能性のある場合や妊娠初期はケアを控えましょう。妊娠中の方はかかりつけの医師にご相談ください。

◎食後2時間以内や、飲酒後は控えましょう。

◎ケアの後には、十分に水分を補給しましょう。

◎体の異常を感じたり、違和感を覚えたりしたときは、すぐに専門家に相談しましょう

◎重要

皮膚にかっさ板を密着させ、軽く押さえる程度の力加減で行います。くれぐれも強く押したり、皮膚をこすったりひっぱったりしないように。強すぎる刺激は、皮膚のたるみやしわなどトラブルの原因になることも。「こする」のではなく、力を入れずに表面をすべらせて「なでる」イメージで。

※「オリジナルかっさ板」以外のかっさ板をお使いの方へ

本書では、わたしの「オリジナルかっさ板」を使うことを前提としたケア法を紹介しますが、もちろん、ほかのかっさ板でも同様にケアできます。

ただし、本書のケアは天然石の特徴を生かした使い方ですので、天然石でないかっさ板の場合は、クリームやオイルを塗る、力を入れすぎない、といった点に十分に注意してください。

また、かっさ板は形もさまざまなので、お持ちのかっさ板の形によっては、使う場所を変えるなどの工夫もしましょう。

肌に不要な負担をかけることなく、ご自身で「気持ちいい」と思える使い方を探してみてください

「ナチュラルかっさケア」の基本的な動作

腹を使う

Point!
落下防止のため、かっさ板を持つほうの手首にストラップを通しましょう。

1 片手で持ってなでる

背の側から5本の指でかっさ板の両面を押さえるように持ち、皮膚に対して45度に傾けて、一方向へなでる。**[適応]**経絡を流すのに最適。背中、腕、足などの平面部に。**[使用例]**冷えやむくみのときに、ふくらはぎの内側を流れている経絡を流す。

2 両手で持ってなでる

両手の親指をかっさ板の真ん中に置き、その他の指で反対側からかっさを挟むように持つ。親指側が上にくるようにして45度に傾け、一方向または回しながらなでる。**[適応]**安定した圧力でなでることができるため、広い面をなでるときに。**[使用例]**便秘のときにお腹を「の」の字に回しながらなでる。または冷えや腰痛のときに腰をなでる。

大山を使う

1 一方向になでる

大山の近くに親指を置き、その他の指で反対側から支えるように持つ。なでるときは45度に傾けて。**[適応]**細い部位・狭い部位をなでるときに。**[使用例]**精神を落ち着かせるときなどに胸部の中央をなでる。

2 押しながら回しもむ

大山の近くに親指を置き、その他の指で反対側から支えるよう持つ。45度に傾け、親指側を上にして押しながらクルクル回すようにもむ。**[適応]**ツボを刺激するときに。**[使用例]**肩こり・首こりのときに首の付け根にあるツボを刺激する。不眠のときは足の裏のツボを。

小山
を使う

1　一方向になでる

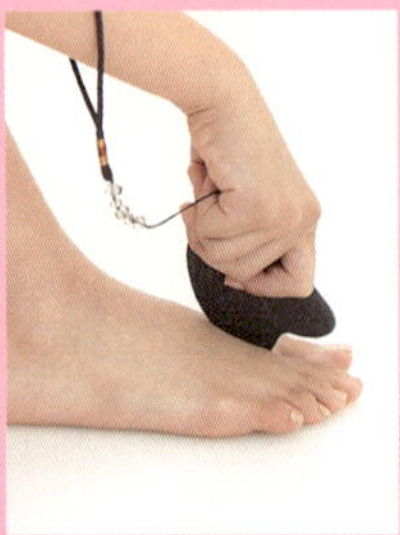

小山の近くに親指を置き、その他の指で反対側から支えるように持つ。背を下にして、なでる部位に対して垂直に立てて一方向になでる。**[適応]**手の甲や足の甲の骨と骨の間をなでる際に。**[使用例]**足の甲の骨と骨の間をなでると冷えに効果あり。

2　押しながら回しもむ

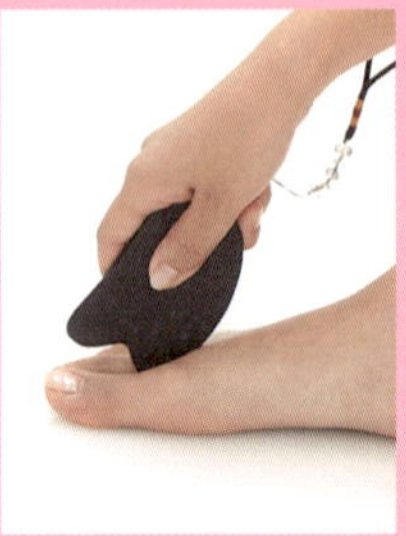

小山の近くに親指を置き、その他の指で反対側から支えるように持つ。背を下にして、なでる部位に対し垂直に立てて押しながらもむ。**[適応]**最も強い刺激が必要なときに。**[使用例]**二日酔いには足のツボを押すと効果的。

おしり
を使う

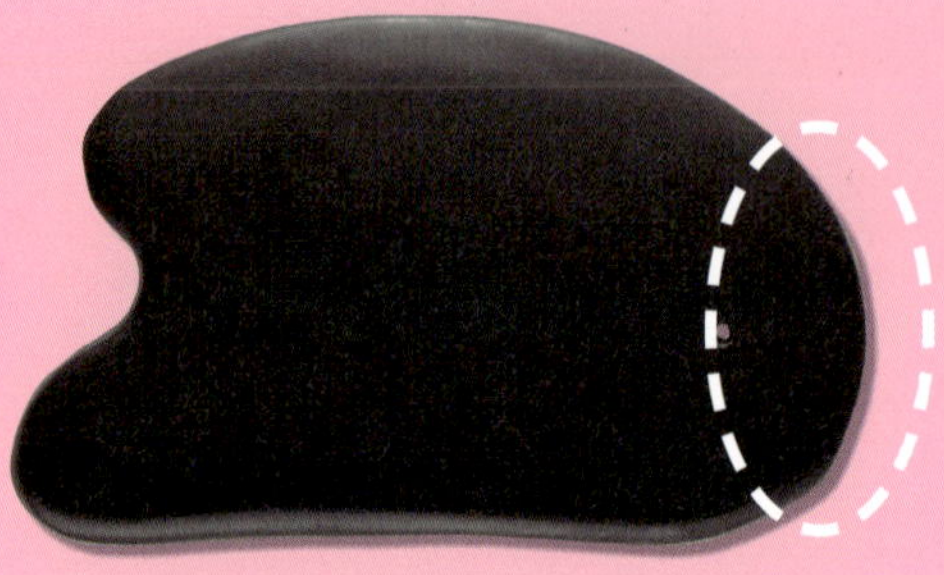

かっさ板の中心を親指で押さえ、その他の指で反対側から支えるように持つ。ストラップのひもが肌に当たらないよう、横にずらしてからなでるとよい。**[適応]**くぼんでいる部位、特に脇の下に最適。**[使用例]**肩こりのときにわきの下をなでる。

谷
を使う

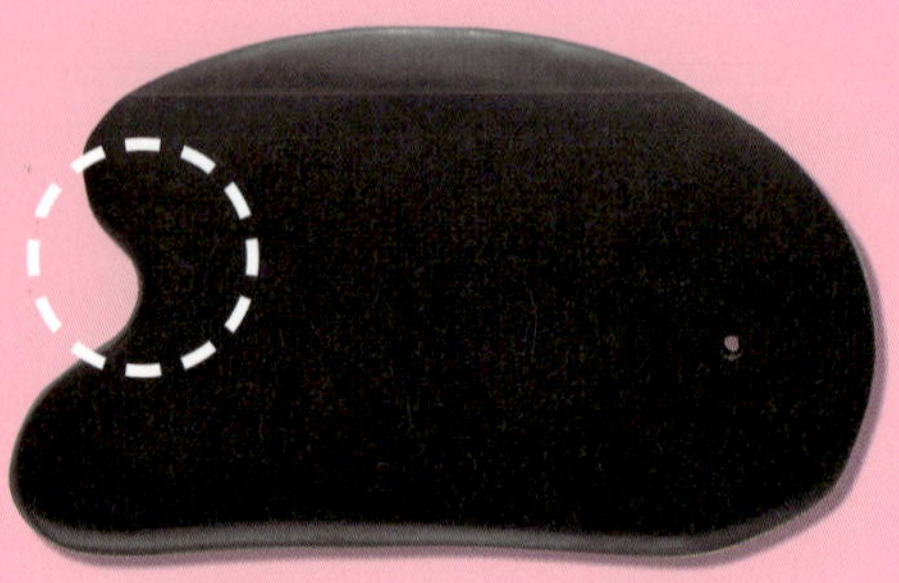

谷の近くに親指を置き、その他の指で反対側から支えるように持つ。**[適応]**指を挟んでなでるときに最適。**[使用例]**物忘れ予防には、手の指を挟んでなでる。

面
を使う

かっさ板全体で押しつけるようにしてなでる。**[適応]**広い面をなでるとき、やわらかい刺激を与えるのに最適。**[使用例]**温めたかっさの面でお腹をなで、体の冷えをとる。腰やお尻におき、腰痛や下半身の冷えをとる。

背
を使う

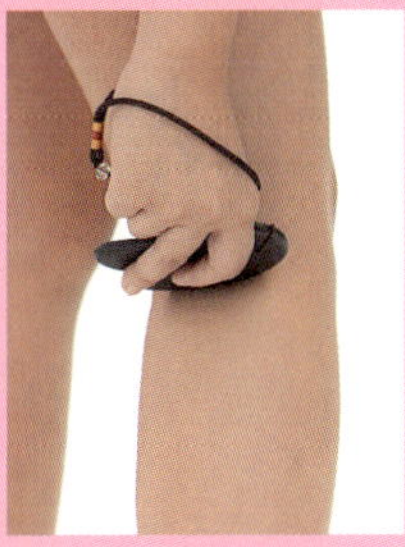

背の側から５本の指でかっさ板の両面を押さえるように持ち、皮膚に対して45度に傾けて、一方向へなでる。**[適応]**ひざの後ろや、腹を使うときよりも強い刺激を与えたいときに。**[使用例]**腰痛時にひざの後ろをなでる。胃もたれや、食べすぎのときには足のすねを流れる経路をなでる。

応用編

1 温めて使う

かっさ板を50〜55℃くらいのお湯に１分つける(引き上げるときはストラップを持ち、やけどに気をつけながら、触っても大丈夫か確かめる)。[使用例]冷え予防や腰痛時に面をお腹や背中に置く。温めたかっさで足や手の経絡を流すと、さらに効果的。※皮膚の弱い人は肌に直接置くとやけどの原因になるので、服の上からなでたり、手ぬぐいなどを敷いたり巻いたりして使いましょう。

2 冷やして使う

かっさ板を冷蔵庫や冷凍庫に数分入れて冷やす。[使用例]目の疲れ、むくみをとるときやお化粧前などに。蒸しタオルをまぶたの上に10秒置き、次に冷えたかっさの面を左右10秒ずつ置く。これを３回繰り返せば目がすっきり。

3 お風呂の中で使う

入浴時に、お風呂にかっさ板を入れて温めて使う。[使用例]体を洗うときに石鹸を多めに泡立て、全身をかっさでなでる(滑りやすいので必ずストラップを手首に通すこと)。特にダイエットやむくみ解消に効果的。[注意点]お風呂では血行がよくなっているので効果もアップしますが、その反面、毛穴が開いていてお肌が無防備な状態です。くれぐれも摩擦で肌が痛まないようにソフトタッチでなでること。

大切なポイント

かっさ板を片手で持ってなでるときは、空いているもう片方の手で、かっさの後を追うようにして同じ場所をなでるように心がけましょう。「手当て」という言葉があるように、手のぬくもり、手から発せられる目に見えない癒しのパワーがプラスされて、相乗効果を発揮します。

FACE

フェイス編

Basic Care

ベーシックケア

顔のケアで一番大切なの顔全体をケアすること。
しわやシミがなくなっても、
お肌に元気がなければ美しく見えません。
まずは、顔全体に効果的なケアで、
代謝を上げ、ホルモンバランスを整えましょう。
それから、それぞれ気になる部位を
じっくりケアすることをおすすめします。
なお、かっさ板でなでるときやツボを押すときは
「息を吐きながら」が基本です。

Point!

顔の皮膚は頭皮とつながっている部分が多いため、頭皮の血行をよくすることは、しわ・たるみ解消に大きな効果あり！

01 腹

髪をとかすように、おでこから襟足までなでる。
真ん中と左右それぞれ。
もう片方の手でかっさ板を追いかけるようになでる。

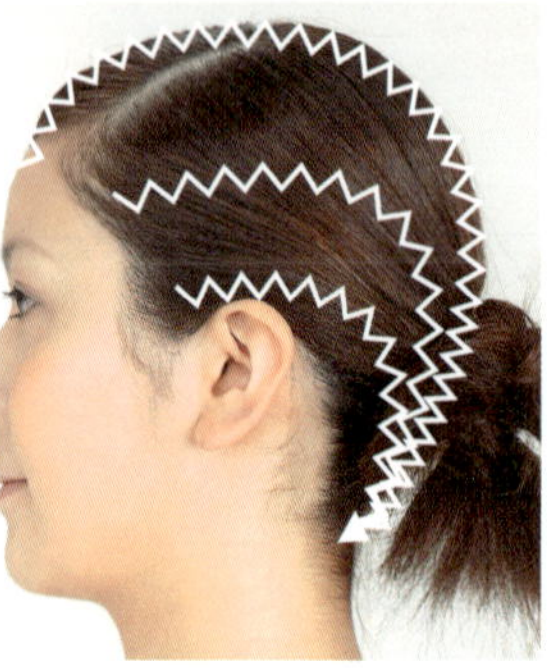

02 大山

生え際、耳の上、こめかみから、
それぞれ襟足に向かって
ギザギザになでる。

Point!

耳のまわりには顔面に通る経絡が集中しているので、ここをなでるだけで顔全体の新陳代謝がよくなります。また、耳のまわりには老廃物を流してくれるリンパ節もあり、むくみ、たるみ、しわのケアには欠かせません。

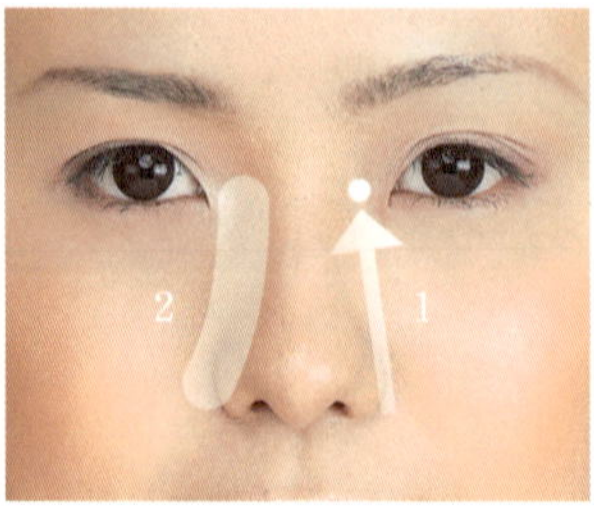

03 大山・腹

1. 大山で、鼻のラインに沿って、
下から上にゆっくりとなで上げ、
目頭で止めて少し圧迫しながら
５秒キープ。
2. そのままの位置で、腹全体を使って、
鼻のラインに沿って圧迫する

Point!

太い血管が走っている部位。ここを刺激することで、効率よく顔全体の血流をよくします。

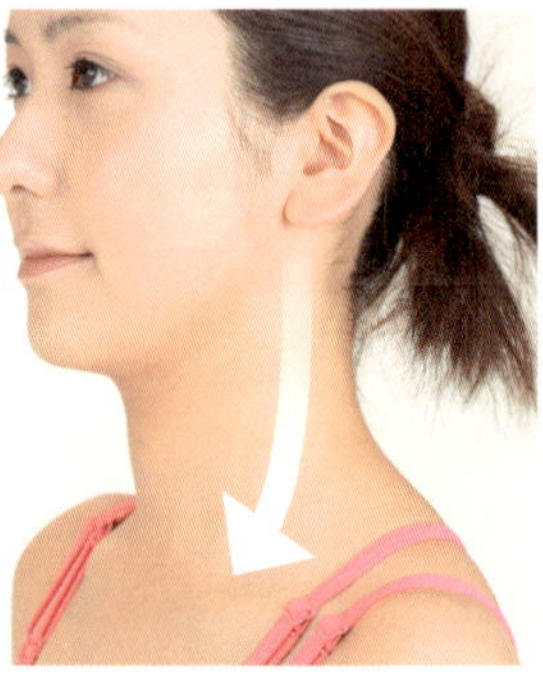

04 腹

耳の付け根から鎖骨のくぼみに
向かってなでる。

Point!

顔にある経絡の多くが、耳・首を通り、腕や体幹、足の先へとつながっています。顔のトラブルの多くは、経絡に余分な水分や老廃物がつまり、流れが悪くなることで起こります。耳から首、鎖骨へと経絡を流し、顔全体のむくみ・しわ・たるみを撃退しましょう。

06 腹

お尻の真ん中にある骨（仙骨）の上を上下になでる。

Point!

女性の美を守るのに大切な「八髎穴（はちりょうけつ）」。仙骨という骨の上に左右４つずつ、計８つのツボがあります。かっさ板を使えば、これら８つのツボをまとめて刺激できるのです。ホルモンバランスを整え、肌のトラブルを解消するなどの効果があります。

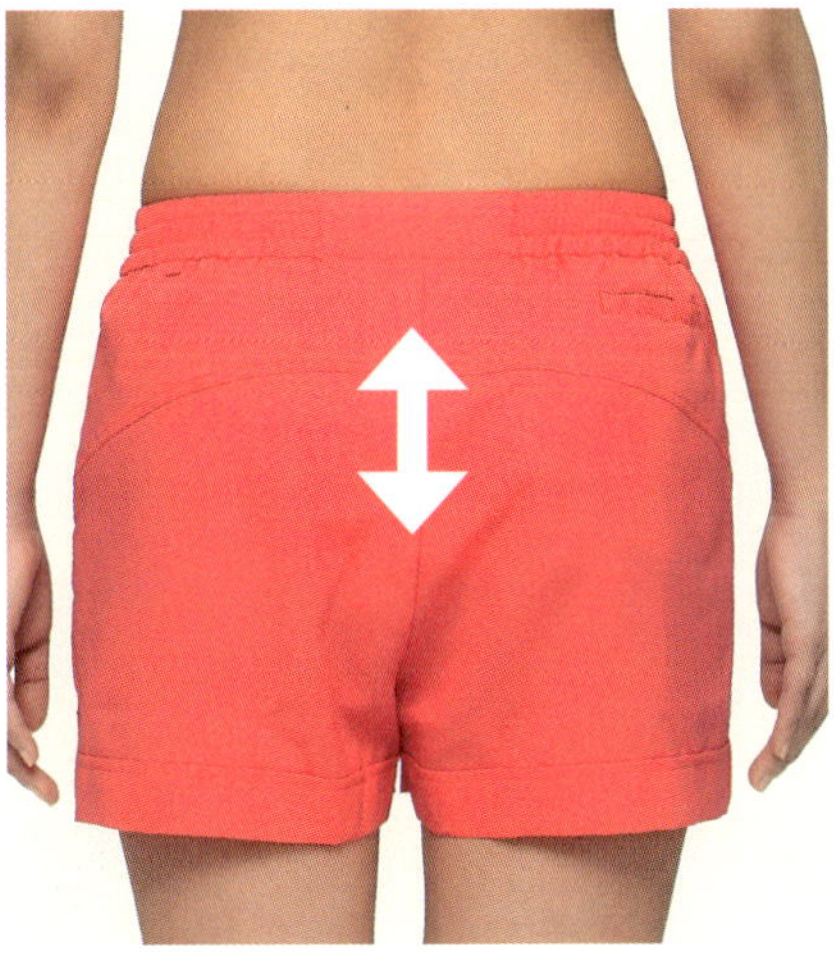

05 腹

おへそのやや上から下へ向けて、腹部全体をなでる。

Point!

下腹部が温かくなるまでなでると効果的。下腹部は「丹田」といわれ、東洋医学における生命の源です。ここを温めることはアンチエイジング効果。ほうれい線は老化の代名詞。体の中から撃退しましょう。

Special Care

頭皮ストレッチ

1. 両手の親指を耳の前に置き、
他の４本の指をおでこの生え際に置く。
2. 手全体を頭に密着させながら、
ゆっくりと髪をかき上げるようにする。
3. 左右の指が後頭部で交わったら、
頭皮が動くのを意識しながら上下・前後に動かす。

耳のまわりには、
たくさんの経絡が走っていて、
顔のトラブルに関係深い
ツボが集中してあります。
血管や大きめのリンパ節もあり、
顔のケアには不可欠な部位。
この「耳ストレッチ」で、
一気にケアの効率が上がるので、
ぜひ準備運動として、
毎回行っていただきたいです。
また、時間のないときの
即席ケアとしておすすめなのが、
「顔マッサージ」。
顔のトラブル全般に効果大です。

耳ストレッチ Ears stretch

01 谷

小山を前、大山を後ろにして
耳の下を挟み、上下に動かす。
かっさ板の面を皮膚に
ぴったり押しつけて、
皮膚も一緒に動かすように。

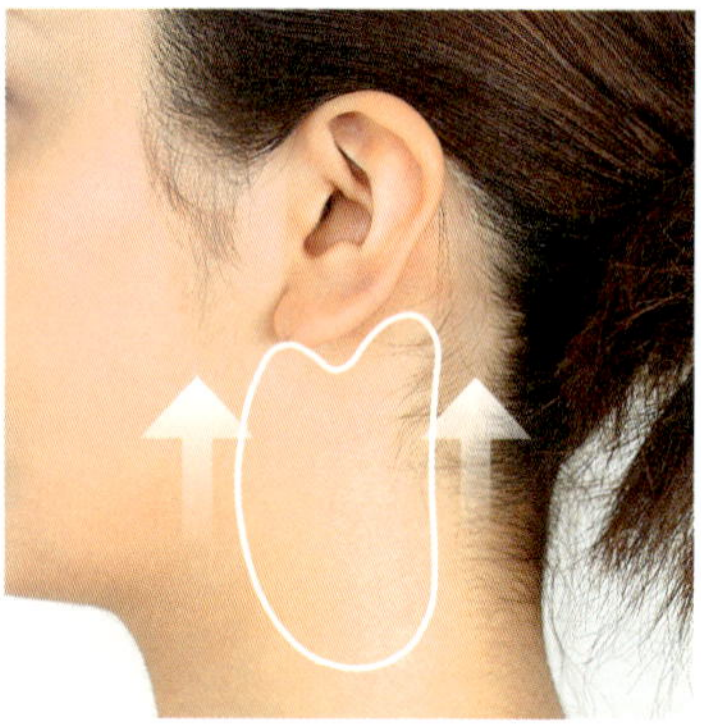

02 谷

同様に、耳の上を挟んで上下に動かす。
側頭部の皮膚も動かすように。

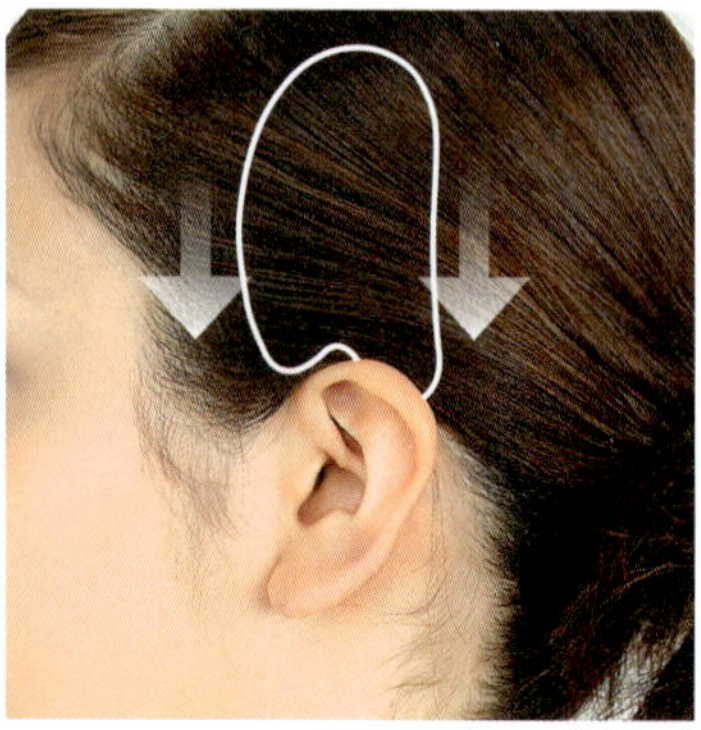

03 大山

耳のまわりをぐるりとなでる。
耳の前→上→後ろ→耳たぶの
裏のくぼみまで、4周。

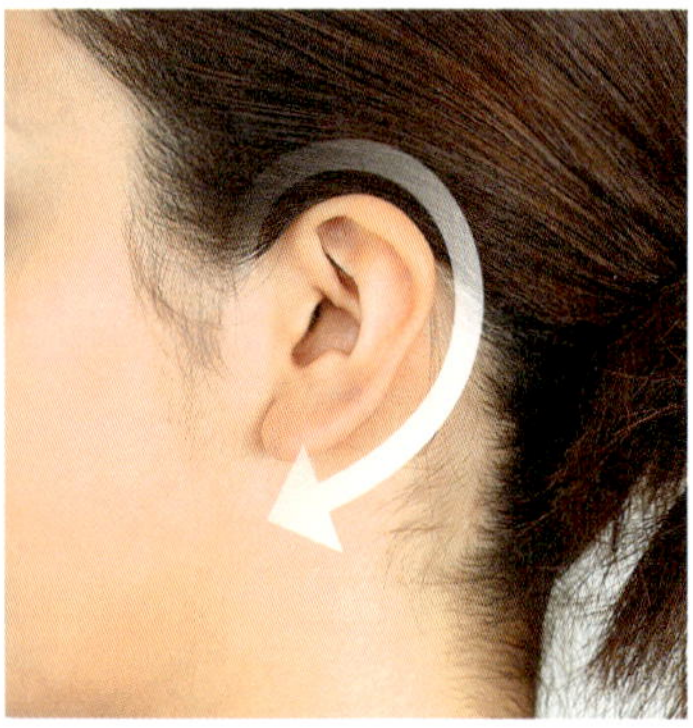

04

手で耳を引っ張ったり
回したりする。

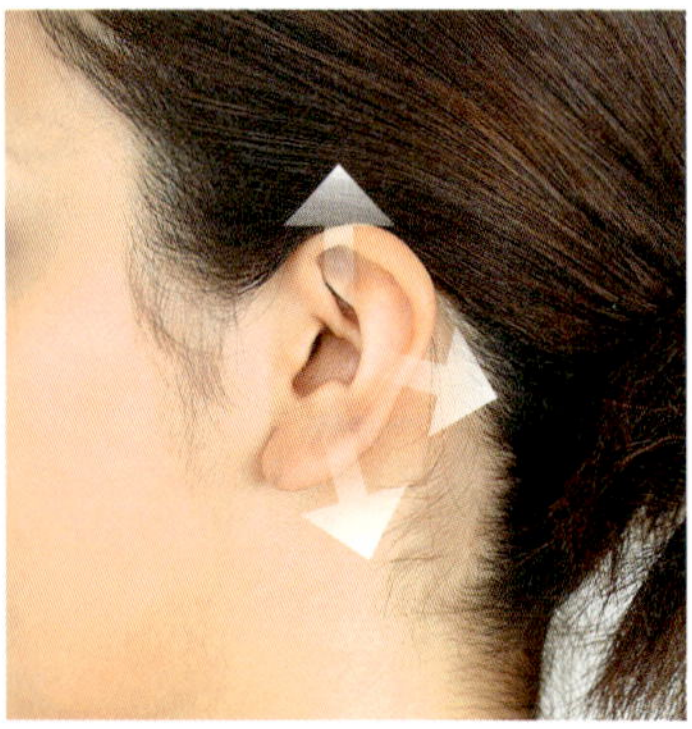

顔マッサージ Face massage

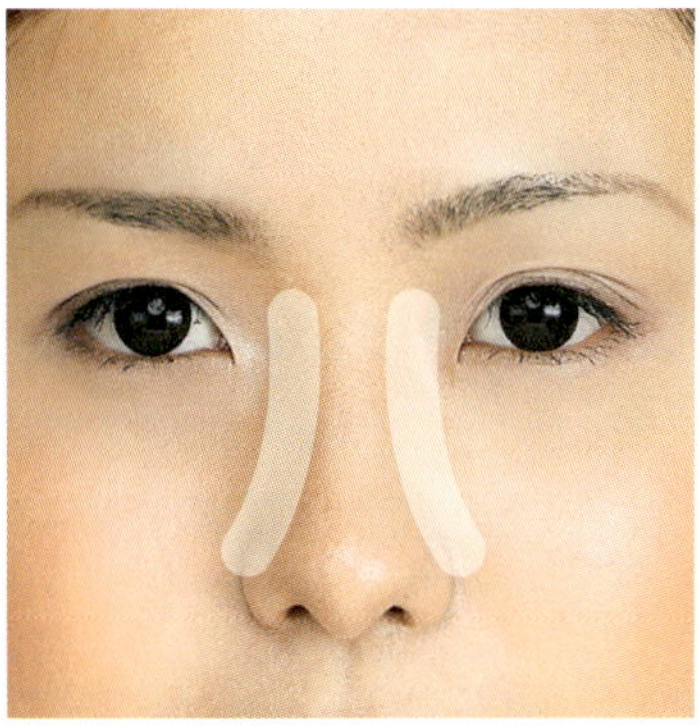

01 腹

小鼻から目頭までを圧迫し、顔の血行をよくする。

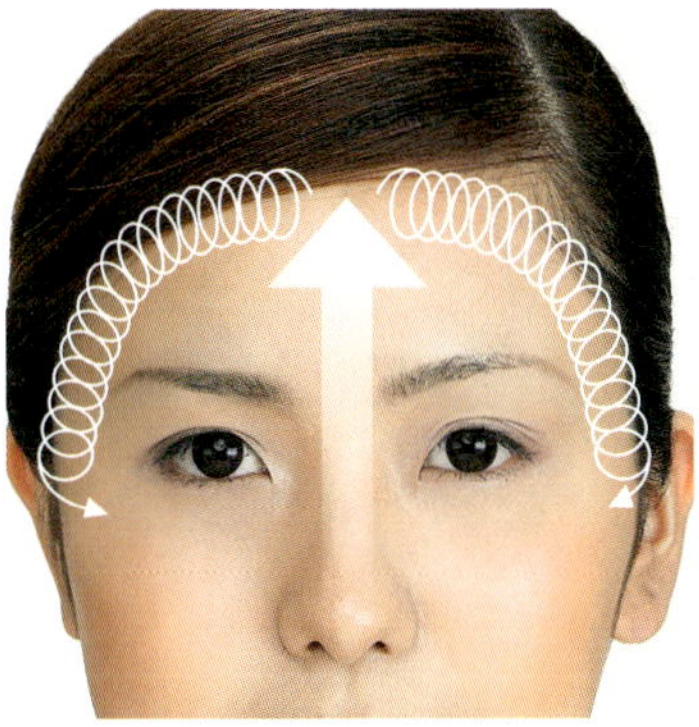

02 腹･大山

腹で鼻すじから額へなで上げ、
そこから生え際に沿って
大山でクルクル回しながら、
こめかみ、耳の前までなでる。

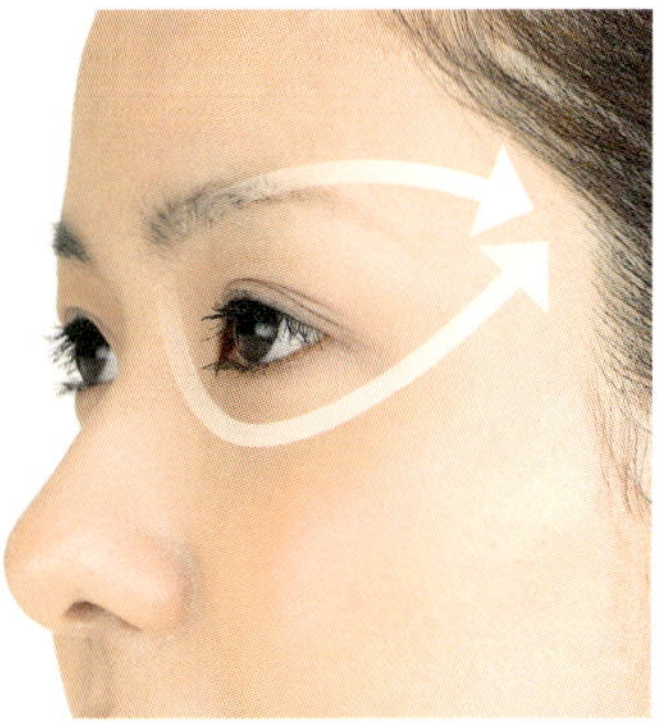

03 大山

眉頭から眉毛の上を通って、
こめかみまでなでる。
次に、眉頭から目の下を通り、こめかみまで。

04 大山

1. くちびるの上をなでる。
2. くちびるの下をなでる。
3. 口角から耳の前までなで上げる。

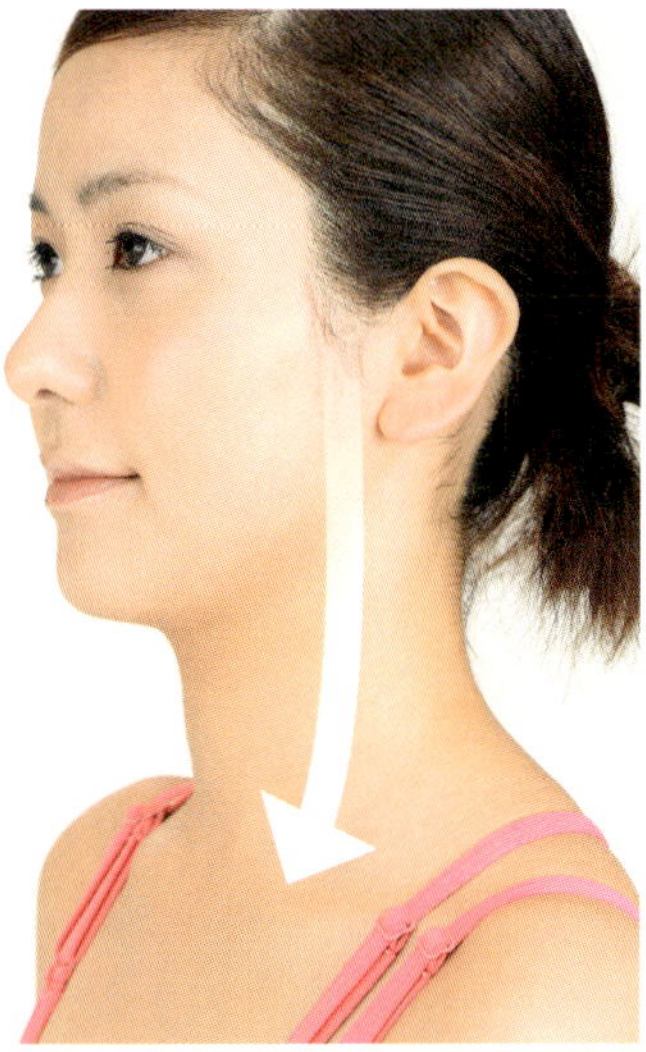

05 腹

耳の前から首を通って鎖骨までなで下ろす。

Smile Lines

ほうれい線

鼻から口にかけて「ハ」の字を作るしわ。
赤ちゃんの顔にもありますが、
目立つようになると問題。
その主な原因は「肌のたるみ」です。
顔の筋肉（表情筋）が衰えると、
重力によって肌が自らの重みを支えきれなくり、
皮下脂肪とともに下へ下へ……。
加齢のほか、肌の乾燥、紫外線による光老化、
睡眠不足、食生活の乱れ、ストレス、
喫煙なども密接に関係しています。

01  大山〜腹

1. 鼻の脇から目の下を通って
こめかみまでなでて、一押し。
2. 鼻の脇（1よりやや下）からほお骨にそって
耳の前までなでて、一押し。
3. ほうれい線（小鼻から上唇にかけて）から
耳の前までなでて、一押し。

Point!

かっさ板を傾けて面を肌に密着させながら、ほうれい線を伸ばすイメージでゆっくり行いましょう。ほおにはほうれい線と密接な関係のある筋肉がたくさんあります。頬まわりの筋肉をほぐし、血行をよくして、老廃物をため込まないようにします。

02  腹

あごの中心から耳の付け根に向かって
なで上げる。

Point!

重力で筋肉が下がってくると、たるみやしわが出やすい部位です。

ほうれい線にはこのツボ！ ▶▶▶

顴髎（けんりょう）

目尻の真下で頬骨の
下のラインとぶつかるところ

大山で斜め上に押し上げる。
頬のたるみを引っ張り、
ほうれい線を消すイメージで。

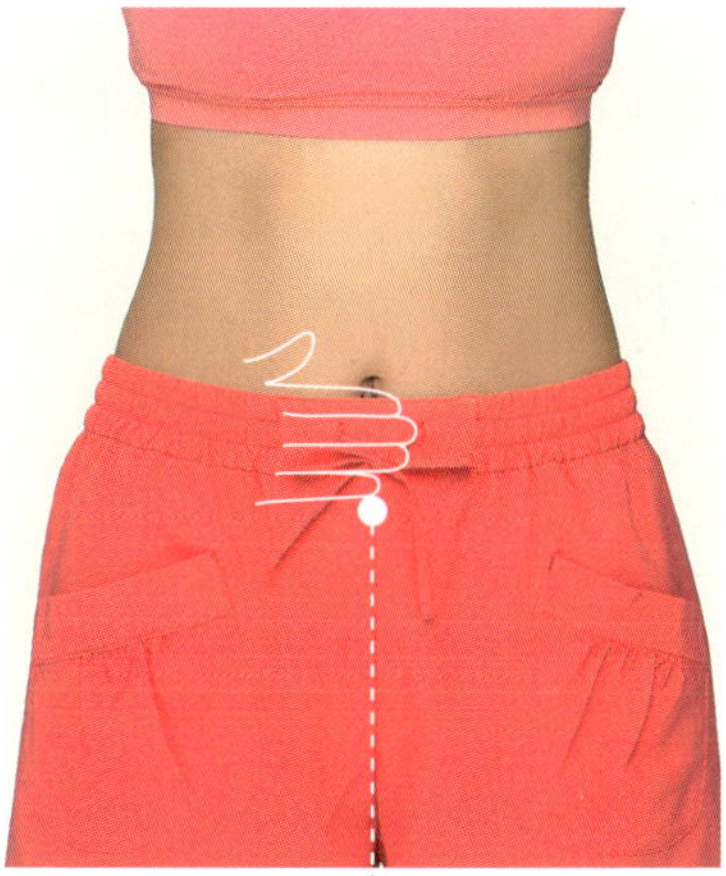

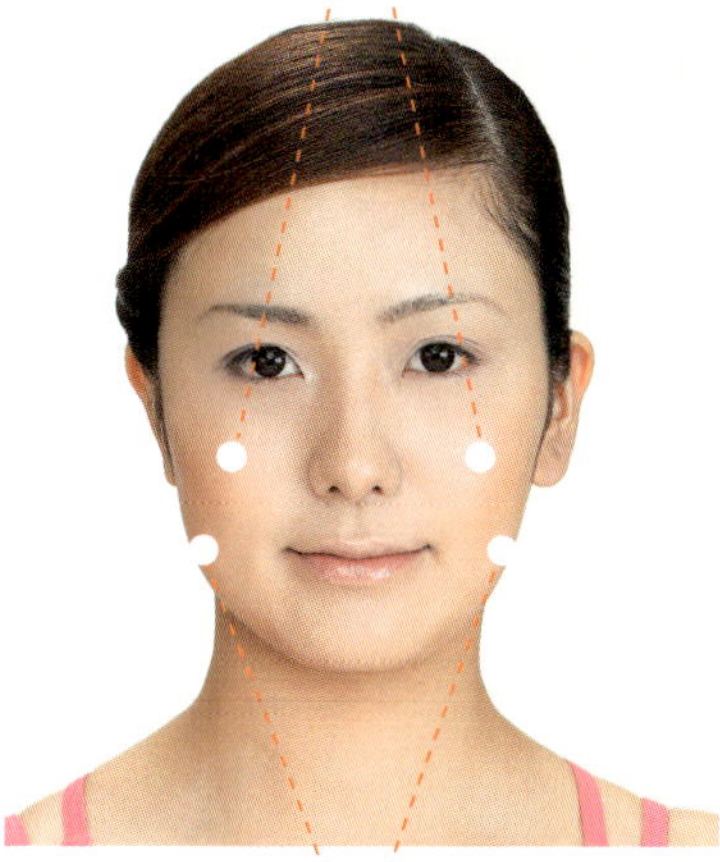

関元（かんげん）

おへその下、指4本分のところ。
いわゆる「丹田」といわれる部位

大山で押し込みながら、ふーっと息を吐く。

頬車（きょうしゃ）

力を入れて歯をかみ合わせた
とき筋肉が盛り上がるところ

大山で押してからクルクルと回す。

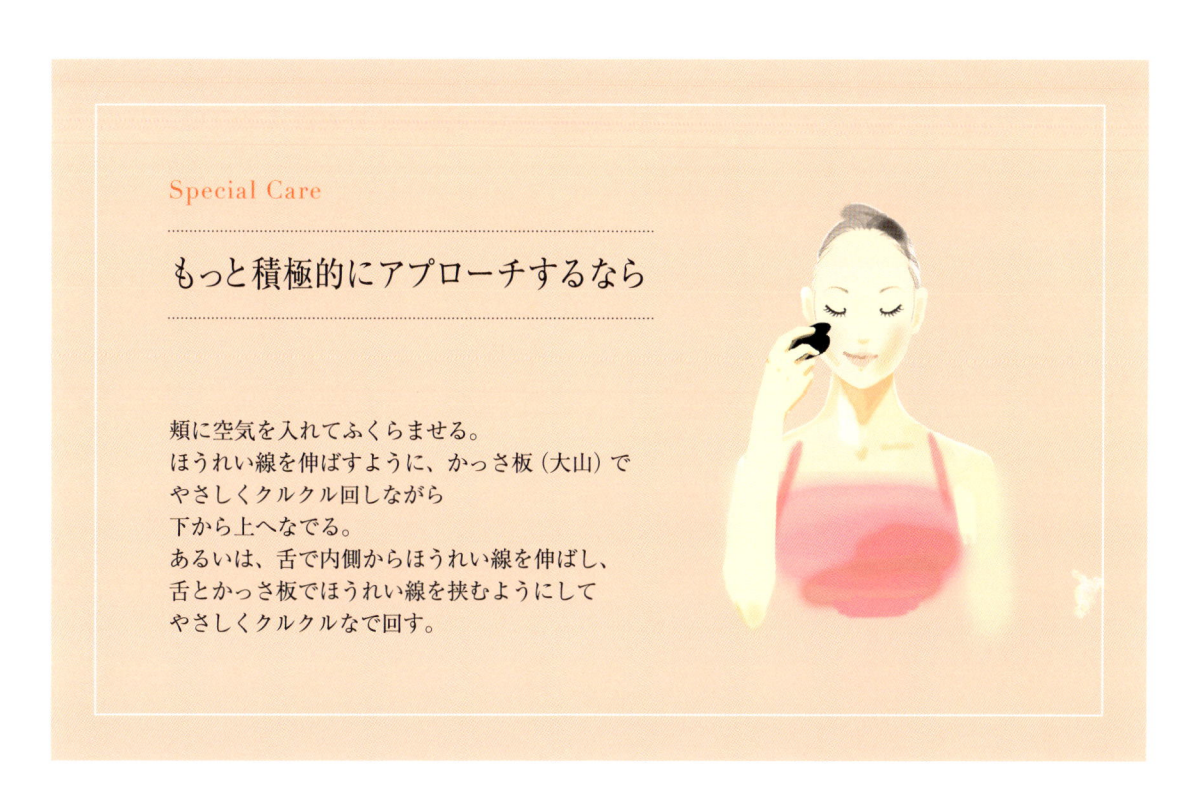

Special Care

もっと積極的にアプローチするなら

頬に空気を入れてふくらませる。
ほうれい線を伸ばすように、かっさ板（大山）で
やさしくクルクル回しながら
下から上へなでる。
あるいは、舌で内側からほうれい線を伸ばし、
舌とかっさ板でほうれい線を挟むようにして
やさしくクルクルなで回す。

Wrinkles between Eyebrows

眉間のしわ

眉間のしわは表情筋のくせや眼精疲労、
目のトラブル、精神的なストレスとも関係しています。
また、眉間にしわを寄せるようなことが多い環境では、
知らず知らずのうちに肩にも力が入っているものです。
かっさ板でなでて、肩からも緊張を解消しましょう。

01  腹

髪をとかすように、おでこから襟足までなでる。
真ん中と左右それぞれ。
もう片方の手でかっさ板を追いかけるようになでる。

Point!
顔の皮膚は頭皮とつながっている部分が多いため、頭皮の血行をよくすることは、しわ・たるみ解消に大きな効果あり！

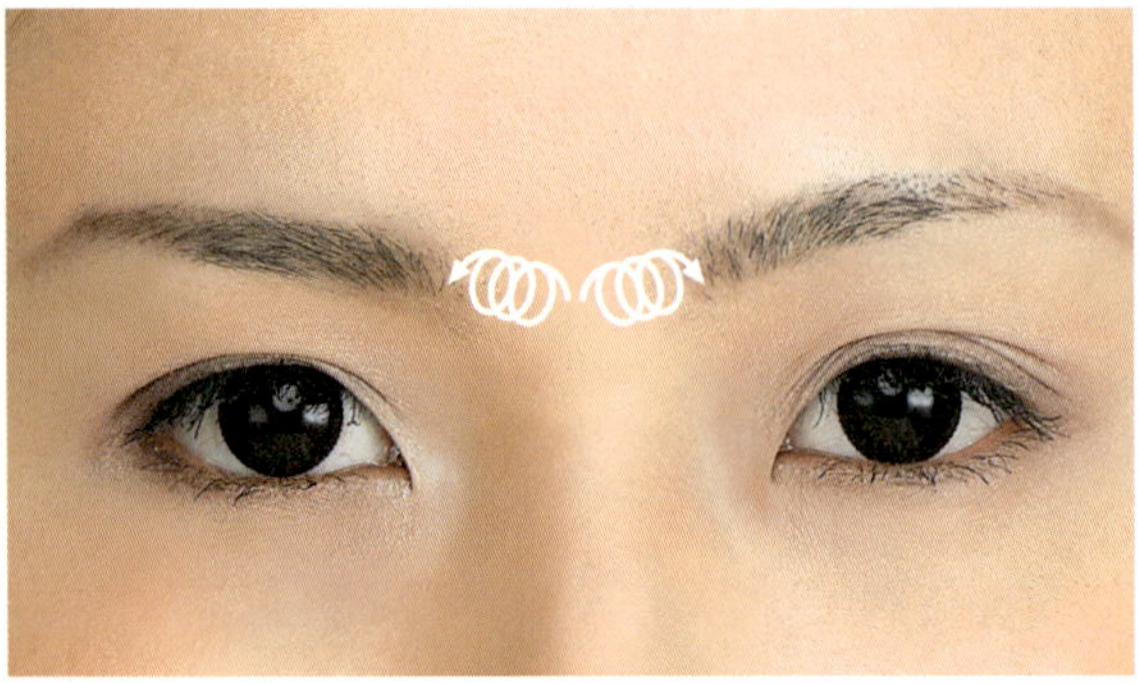

02  大山

眉間をクルクルとマッサージする。
緊張をほぐすようにやさしくゆっくりと。
外側へしわを伸ばすように、
中心より左側は左回り、右側は右回りになで回す。

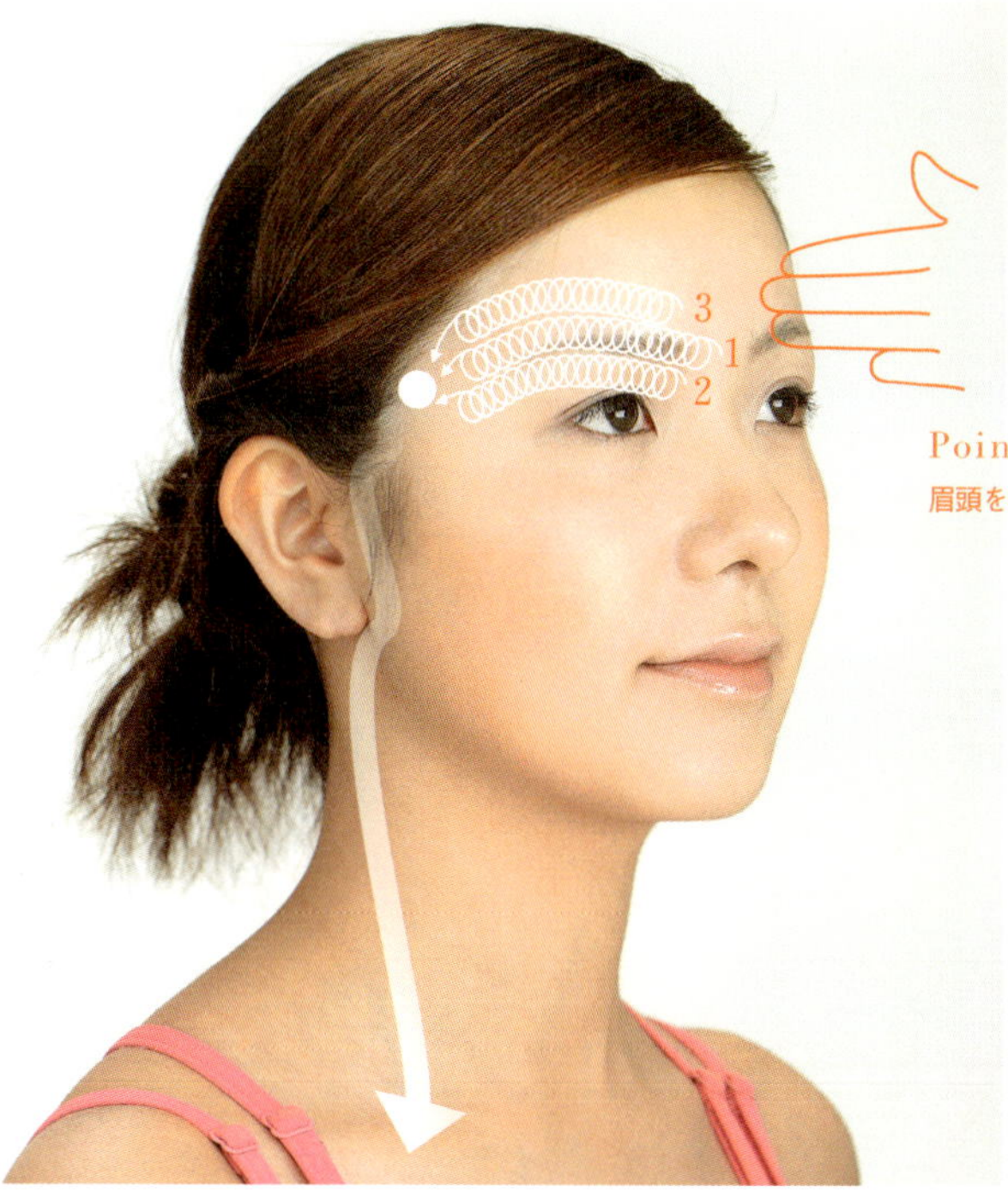

Point!
眉頭を押さえて

03 大山

1. 眉頭を押さえてゆっくりと縦じわを伸ばし、
眉間から眉毛の上、こめかみを通って、
髪の生え際までクルクルとなでる。
そこを一押しして、こめかみから耳の付け根、
さらに首から鎖骨へとなで下ろす。
2. 眉毛より少し下のラインを1と同様になで、
鎖骨までなで下ろす。
3. 眉毛より少し上のラインを同様に。

04 腹

首の後ろを肩に
向けてサーっとなで下ろす。

Point!
ふーっと深呼吸しながら、息を吐くときになでると精神安定や気持ちをリセットするのにもGood!

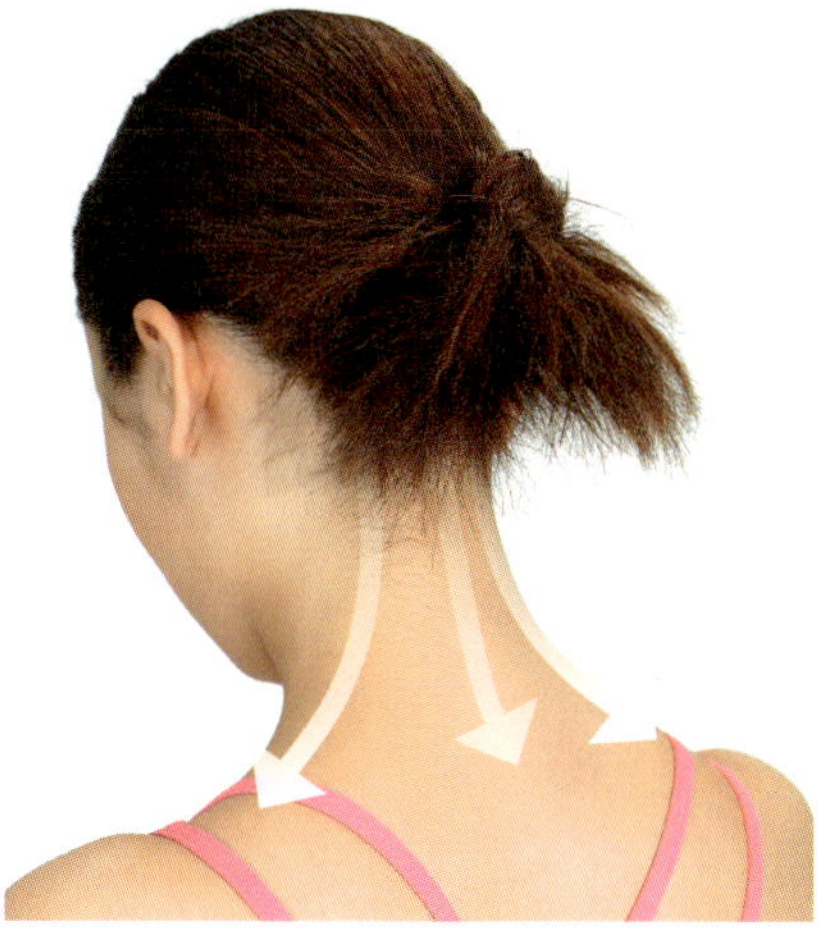

眉間のしわにはこのツボ！ ▸▸▸

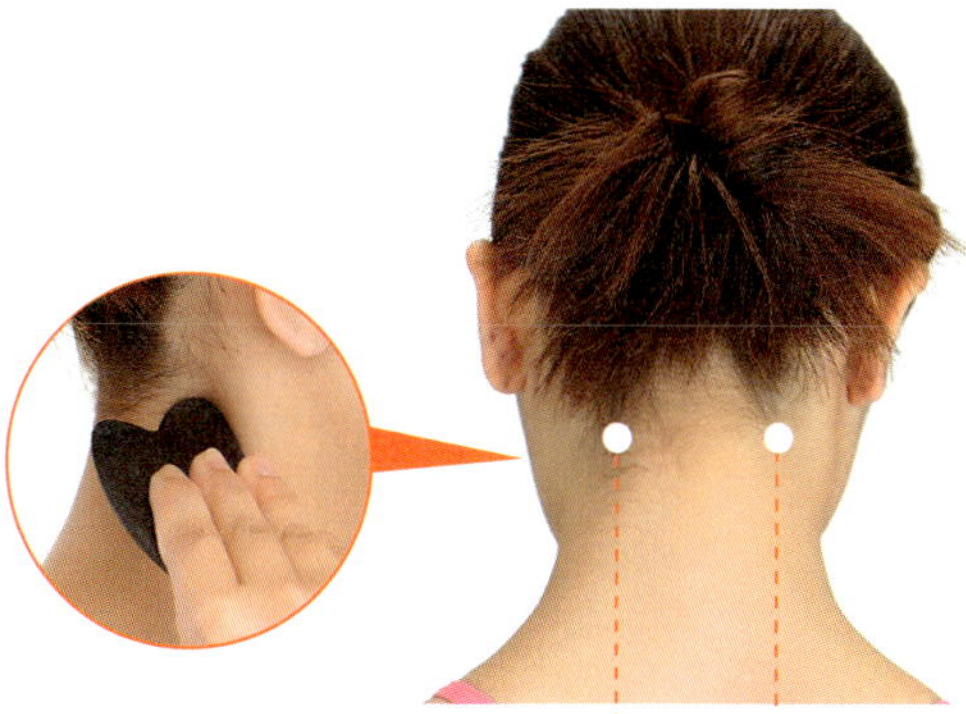

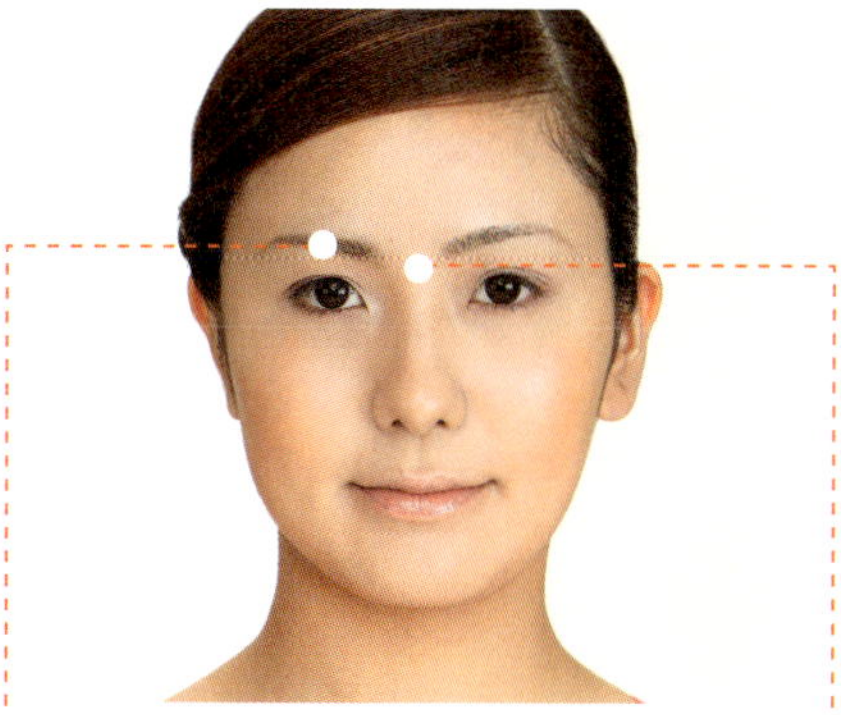

風池（ふうち）
首筋のやや外側、生え際あたりのくぼみ
大山を押しつけた状態で
頭を斜め後ろに傾ける。
力を入れずに効果的にツボを押せる。

魚腰（ぎょよう）
眉毛の中央の少しくぼんだところ
大山で押し、
圧を加えたままゆっくりと
クルクル回して刺激する。

印堂（いんどう）
眉間の中心のちょっとくぼんだところ
大山で押し、
圧を加えたままゆっくりと
クルクル回して刺激する。

Wrinkles of Forehead

額のしわ

額のしわをケアすることは、
顔全体のしわ・たるみの解消に欠かせません。
加齢によって皮膚がたるむほかに、表情のくせ（眉をひそめる、目を見開くなど）、乾燥、紫外線などが原因です。
額の皮膚が下がるとまぶたもはれぼったくなり、目も小さく見え、目尻のしわも深くなって、顔全体が老けた印象になってしまいます。
「ほうれい線」のケアとあわせて行うと、
より効果が高まりますよ。

Point!

頭にある経絡の流れをよくするとともに、額のしわを作る筋肉をマッサージして血流をよくしましょう。額のしわがとれ、つやがよくなります。

01 腹

かっさ板を顔のほうに傾け、
眉毛の上→生え際→頭頂→
後頭部→首筋までなでる。
顔の中心を先に行い、
その後で左右それぞれをなでる。

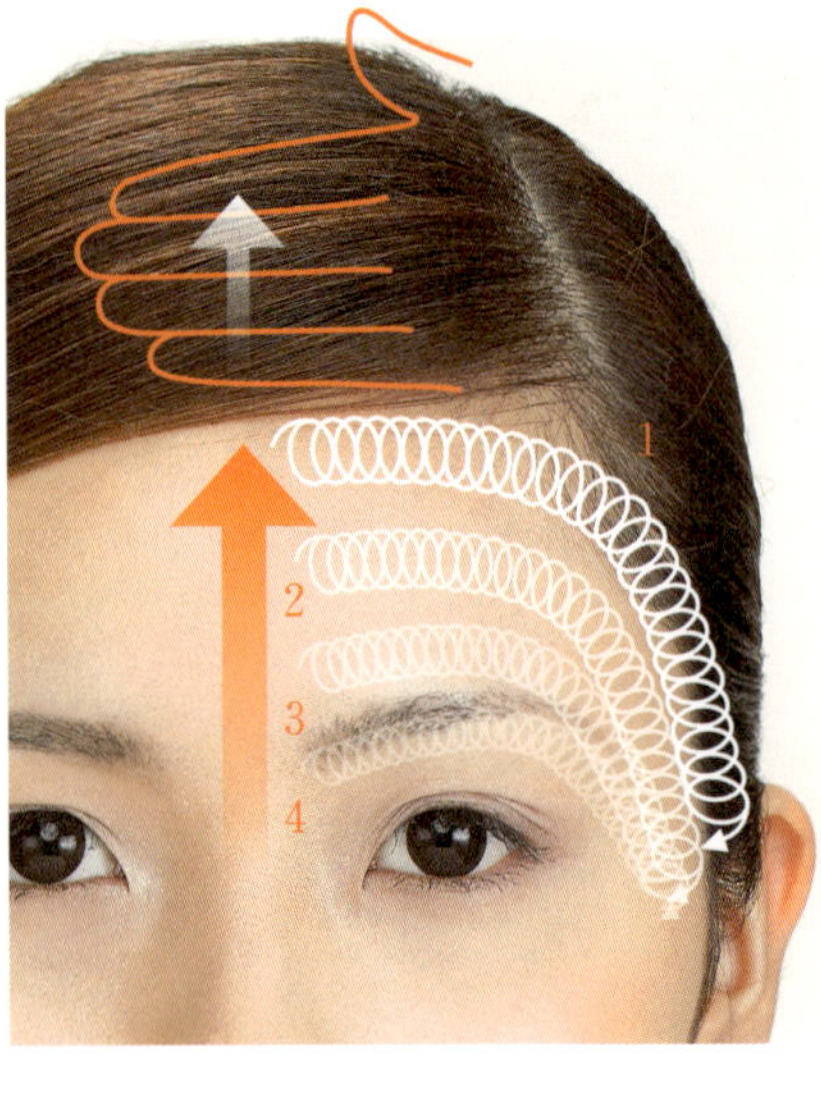

02 大山

片手をおでこの生え際に置き、
額のしわを伸ばすようにひっぱり上げる。
1. 眉間からまっすぐ生え際までなでたら、
生え際に沿ってクルクルと小さな円を描くように耳までなでる。
2. 生え際より少し下のラインを同様になでる。
3. さらに下のラインをなでる。
4. 最後に眉間から眉毛を通るラインをなでる。

Point!

額の横じわの上を、しわを伸ばすようにしてなでましょう。

03

面・大山

面で額の中心からこめかみまでなでたら、
大山で耳の前を通って肩までなで下ろす。

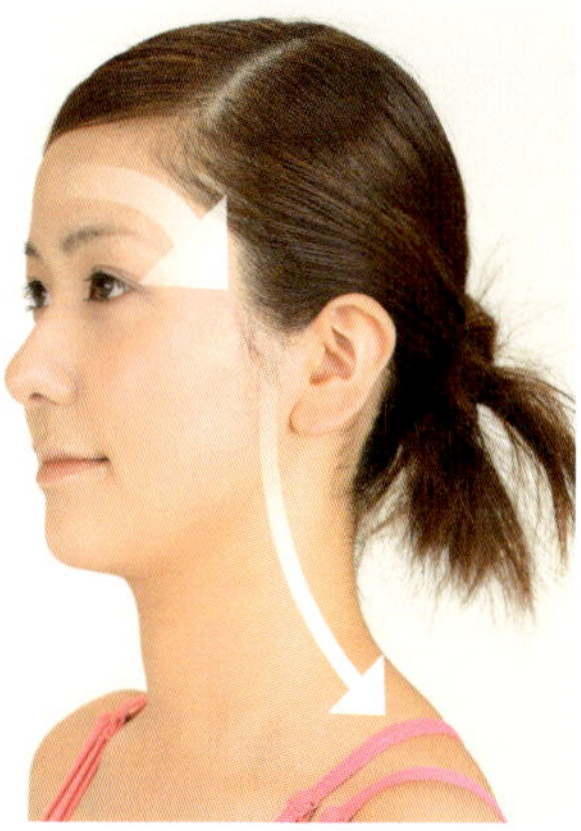

脳戸（のうこ）

頭の後ろで正中線上のでっぱりのすぐ上のくぼみ

大山で押す。

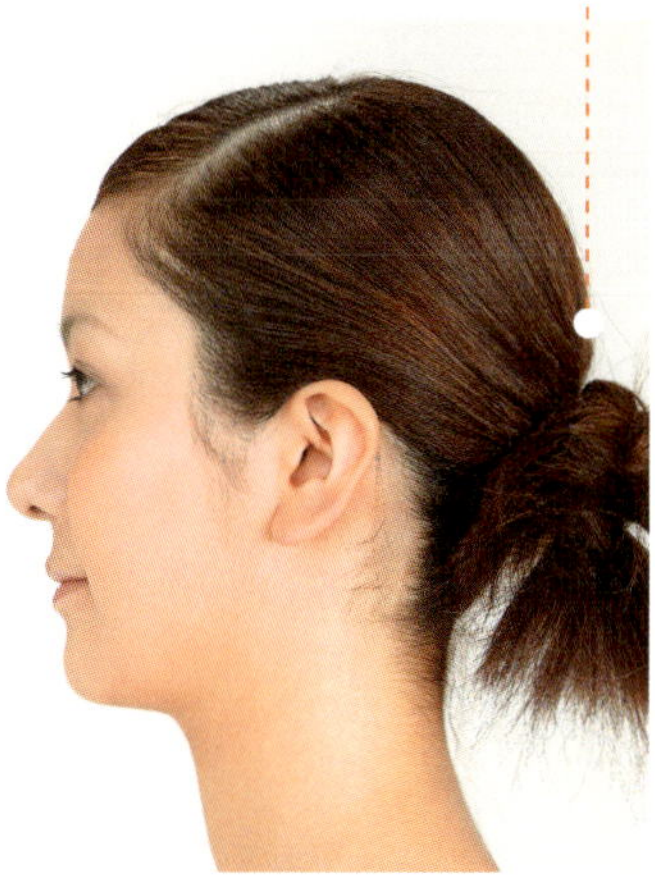

額のしわにはこのツボ！

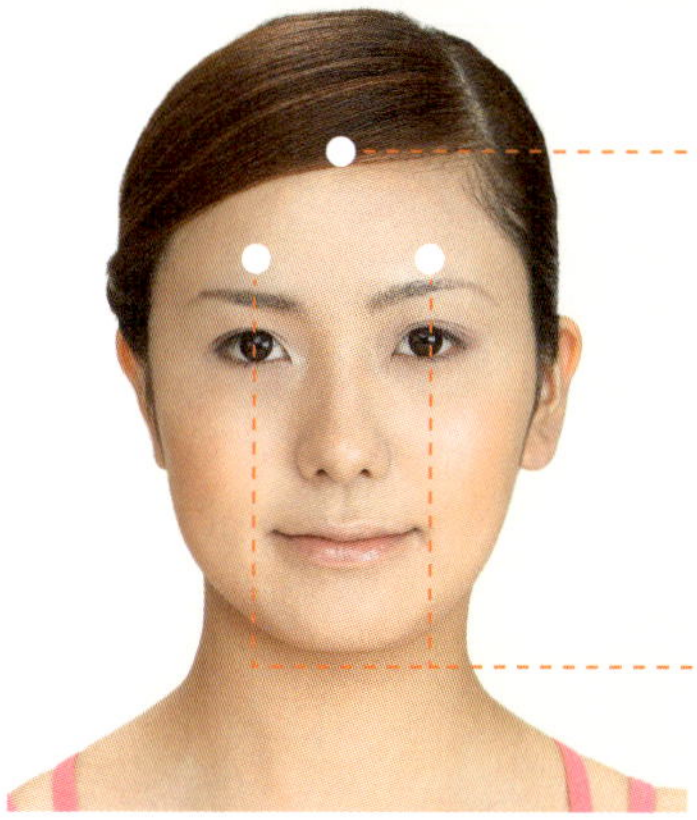

神庭（しんてい）

顔の真ん中で生え際から少し髪に入ったところ

大山で押す。

陽白（ようはく）

まっすぐ前を向いたときの瞳孔の真上。眉毛のやや上の少しくぼんでいるところ

大山で圧をかけながら小さくクルクルなでる。

Special Care

額ストレッチ

指で眉毛を押さえる。
額にしわを作るように力を入れて
10秒キープ。

Crow's Foot

目尻のしわ

目尻のしわの主な原因は、表情筋のくせと加齢と、乾燥による皮膚の衰えです。
肌の代謝を高め、ターンオーバーを促進することで予防・改善しましょう。

01 大山

目頭を一押ししてから、
目の周りをゆっくり一周なでる。

Point!
まず目の周り全体の血流を良くしましょう。

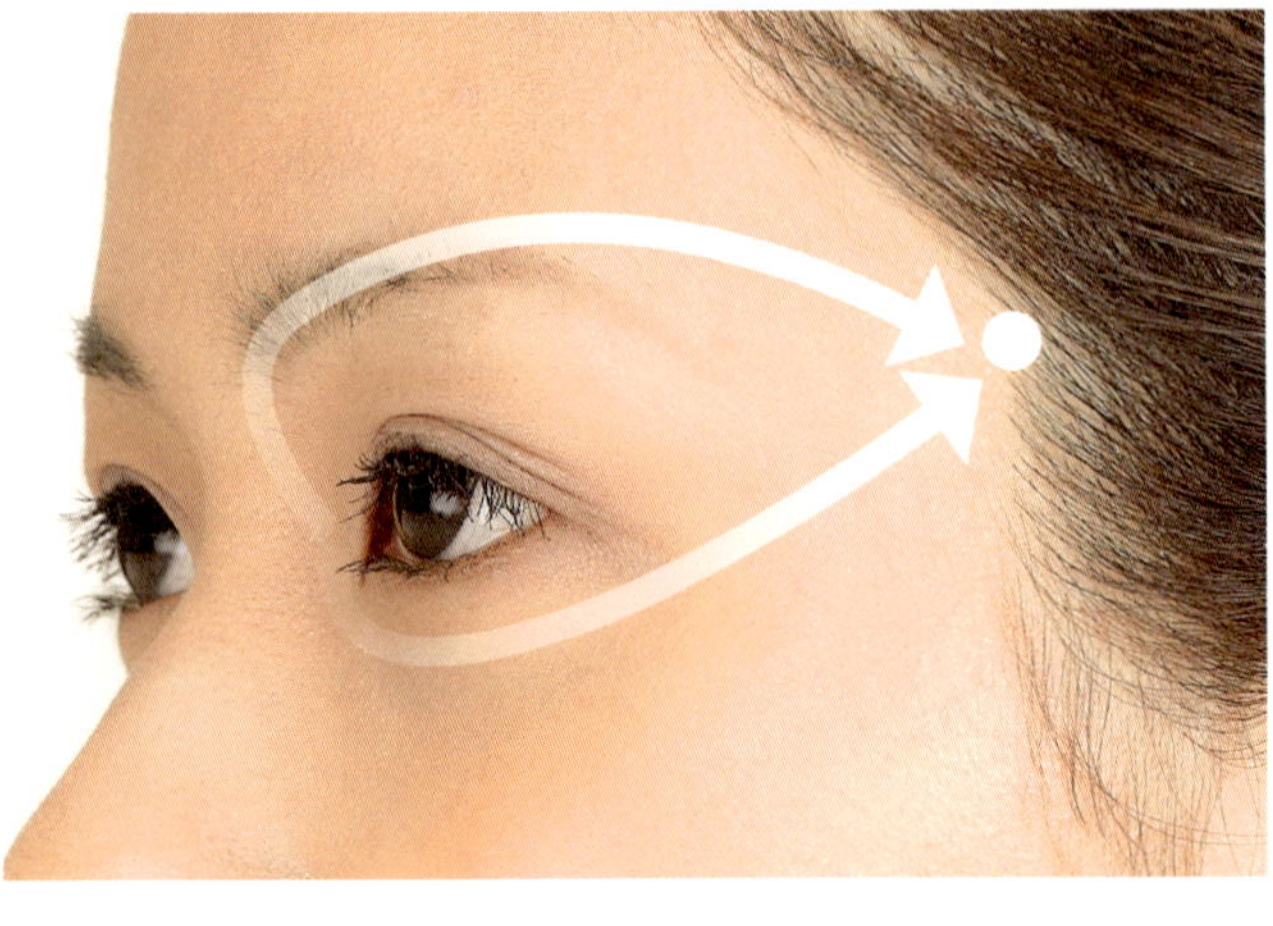

02 大山

目頭から眉毛の上を通り、
こめかみへ向けてなでる。
次に、目頭からまぶたの下を通って
こめかみへ。

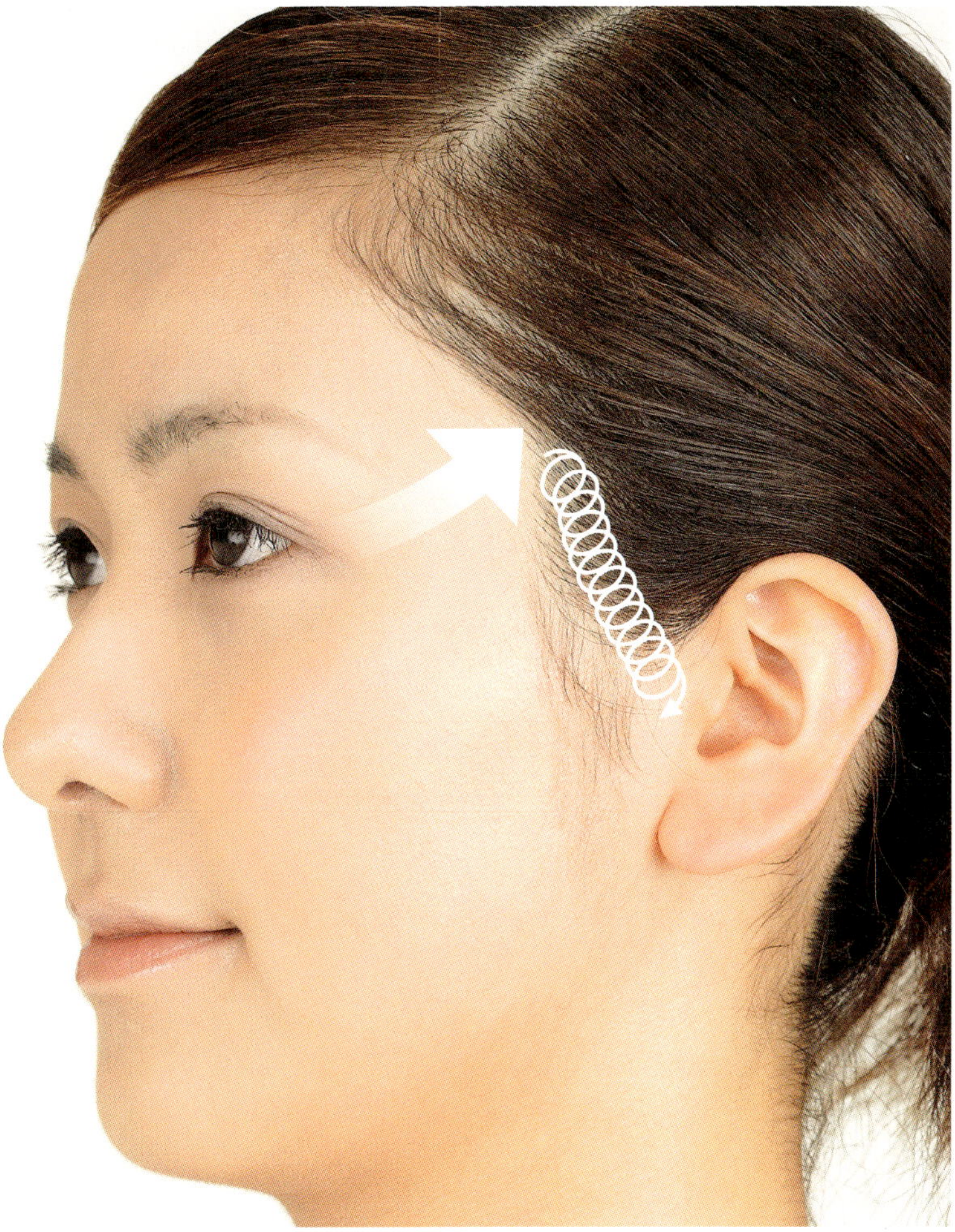

03

大山

目尻からこめかみに向けて
斜めになで上げ、
髪の生え際で止める。
生え際に沿ってクルクルと
回しながら耳までなでる。

目尻のしわにはこのツボ！

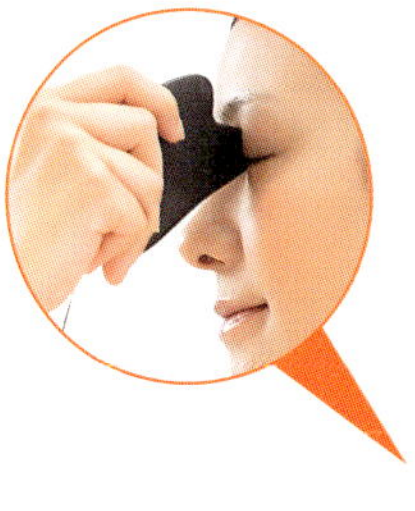

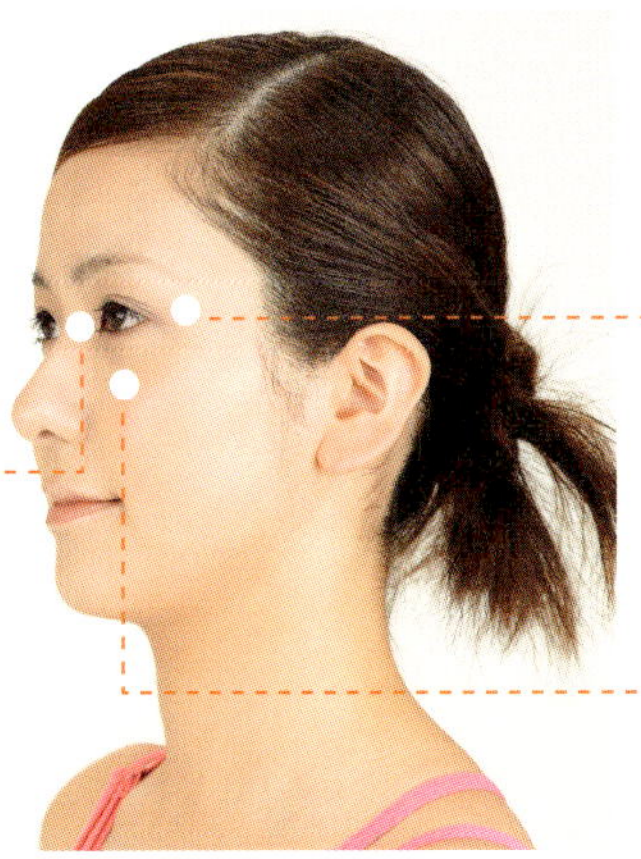

瞳子髎（どうしりょ）
目を閉じたときに
目尻のしわの先端で
へこんだところ
大山で斜めに押し上げる。

晴明（せいめい）
目頭
大山で垂直に押す。

四白（しはく）
まっすぐ前を見たときの
黒目の真下でへこんだところ
大山で垂直に押す。

Attention!

目の周りは顔のほかの皮膚よりも薄いので、かっさ板でなでるときは摩擦で皮膚を傷つけないように注意！ ツボ押しは摩擦による皮膚のダメージがなく、効率よく目の周りの血行をよくすることができるので、セルフケアの初心者にはこちらのほうがおすすめ。

Wrinkles of Mouth

口元のしわ

口元にしわがあると老けた印象を与えます。
加齢によって顔の筋肉が衰えると、
皮膚がたるみます。
たくさんの表情筋が口の周りの筋肉（口輪筋）から
放射状に伸びているので、
この筋肉が弱くなると周囲の表情筋も弱くなり、
しわやたるみになってしまうのです。
口角が下がるとさらに老けて見え、
顔全体が暗い印象になってしまいます。

01 大山

1. くちびるの上下を中心から
口角へなでる。
2. 各4回なでたら、
口角から耳までなで上げる。

Point!

唇のまわりを取り囲む「口輪筋（こうりんきん）」は、口元のさまざまな表情を作り出しています。ここから放射状に多くの表情筋が伸びているので、口輪筋が働かなくなると他の筋肉の働きも悪くなり、口元のしわやたるみができます。かっさケアで血行をよくし、表情豊かな口元にしましょう。口に空気を入れ、口元のしわを伸ばしてなでると効果的。

02 おしり

口角から頬骨にそって、耳までをなで上げ、
そこから鎖骨までなで下ろす。

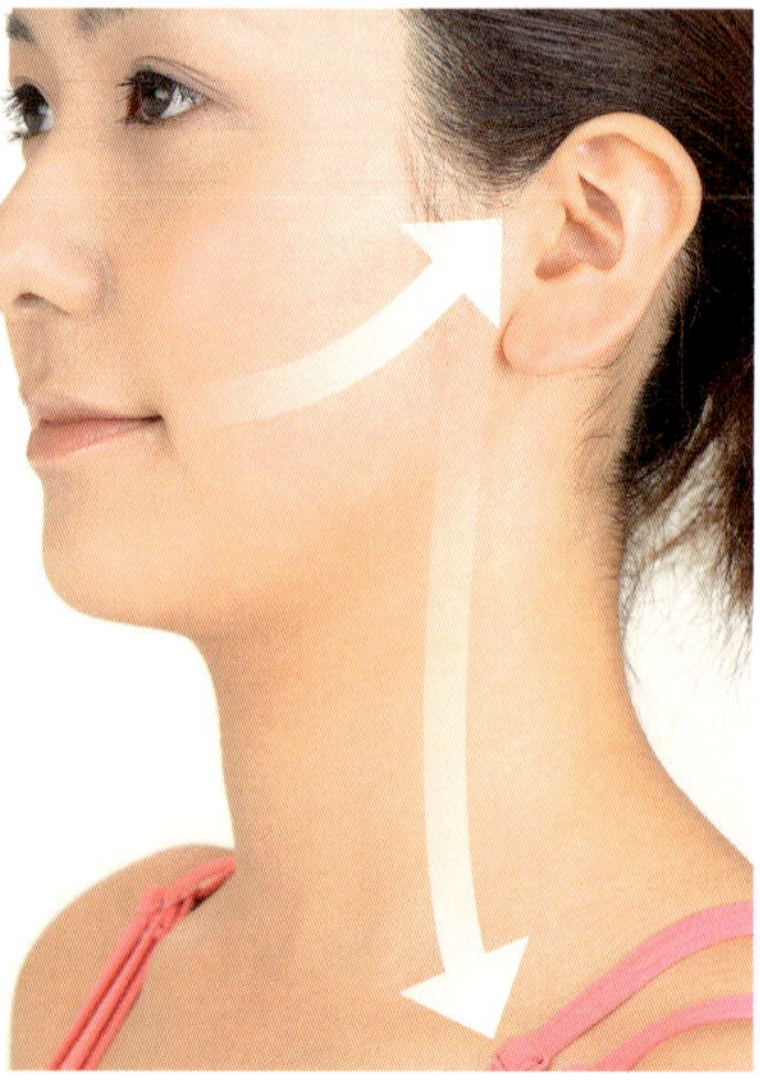

Point!

口角を上げる筋肉が働いている部位。この筋肉（頬筋）の衰えを防ぎ、口角を上げましょう。

03 大山

あごの中心から耳まで、
輪郭に沿って
クルクルなでる。

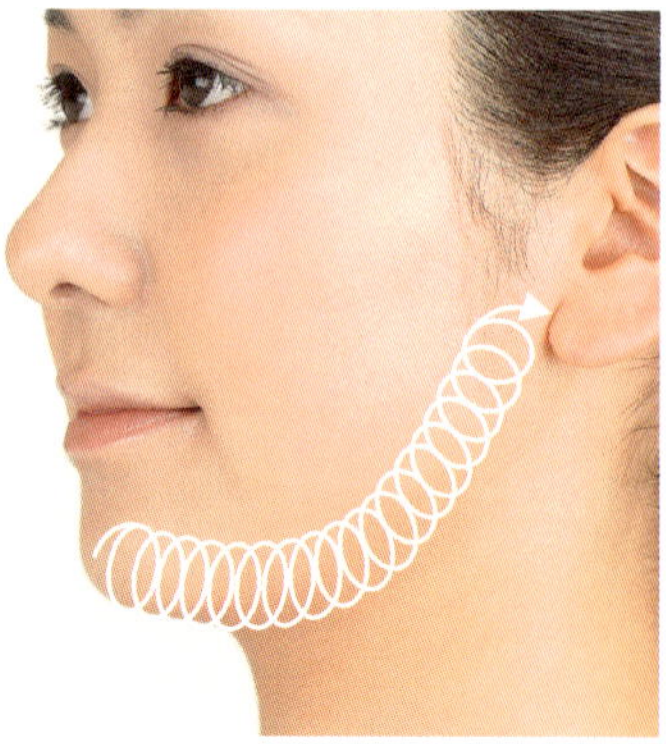

Point!

口輪筋に関係する筋をほぐします。

口元のしわにはこのツボ！ ▸▸▸

Point!

大迎と地倉を流れている「胃経（いけい）」という経絡は、顔のしわ・たるみ・ハリに関係している重要な経絡です。消化器機能にも関係しているので、便秘が原因の肌荒れなどにも効果があります。また、ここには顔の血流をよくする動脈や、老廃物を流す静脈、リンパなどもあり、顔全体の悩みに対応できるツボのひとつです。

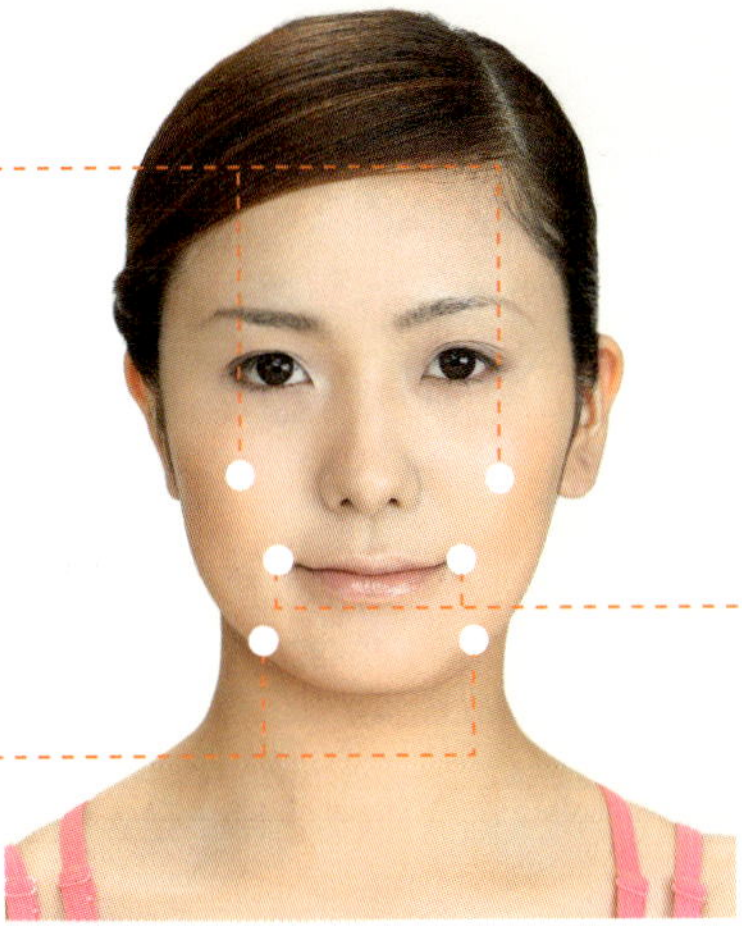

顴髎（けんりょう）
目尻の真下で頬骨の下のラインとぶつかるところ
大山で垂直に押す。

地倉（ちそう）
口角から水平に、
ほうれい線の延長線と交わるところ
大山で圧をかけながら、
口角が少し上がるように押す。

大迎（だいげい）
あごのライン上で、
口角の下外方の拍動を感じるところ
大山で垂直に押す。

Special Care

どこでも簡単！ 表情筋エクササイズ

顔には「表情筋」といわれる30種類以上の筋肉があり、
目や口、鼻などを動かしたり、複雑な表情を作り出しています。
体の筋肉は骨から骨についていますが、
表情筋は骨から皮膚についているため、
細かい表情を作り出すことができるのです。
日常使われている表情筋は20～30%程度で、
表情筋も他の筋肉と同様、使わなければどんどん衰えます。
30種類以上もある筋肉それぞれを意識してエクササイズするのは
大変ですが、顔全体を意識して“おおげさ”を心がけて行えばOK！
「筋肉を鍛える」のではなく、顔の筋肉を全体的に動かし、
血行をよくしてバランスを整えることが大切です。

1. 口を閉じたまま、頬を思い切りすぼめたり、ふくらませたりする。
2. 口を閉じたまま、左回り、右回りに舌を回す。
3. 口を閉じたまま、ブクブクと空気うがい。右頬→左頬→唇の上→唇の下の順で。
4. 顔全体を動かすように大きく口を開けて「アイウエオ」という。
   このとき、それぞれ以下のように気をつけるとより効果的。

「ア」目をぱっちり開ける　「イ」目をギューっと閉じる　「ウ」目をギューっと閉じて、顔の真ん中にパーツを集めるように
「エ」目をぱっちり開ける　「オ」目をぱっちり開ける

Wrinkles of Neck

首のしわ

「首のしわで年齢がわかる」といわれるほど、
老化の目安になる部位。
首を支える筋肉の低下、表情筋の衰え、
乾燥や紫外線、ストレス、不規則な生活、
姿勢や枕の高さ……原因はさまざまですが、
問題なのが筋肉の低下や表情筋の衰え。
かっさケアで首の血行・代謝に関係する経絡や、
頭皮や表情筋の血流・リンパの流れをよくし、
老廃物をすっきり流して首しわを撃退しましょう。

01  谷

あごを挟み、あごの中心から
耳に向かってなで上げる。

Point!

首のしわをなくすには首の後ろの血流をよくすることも大切です。特に首こりは
首、頭、顔の血行を悪くし、しわの原因にもなるので要注意。念入りに行いましょう。

02  腹

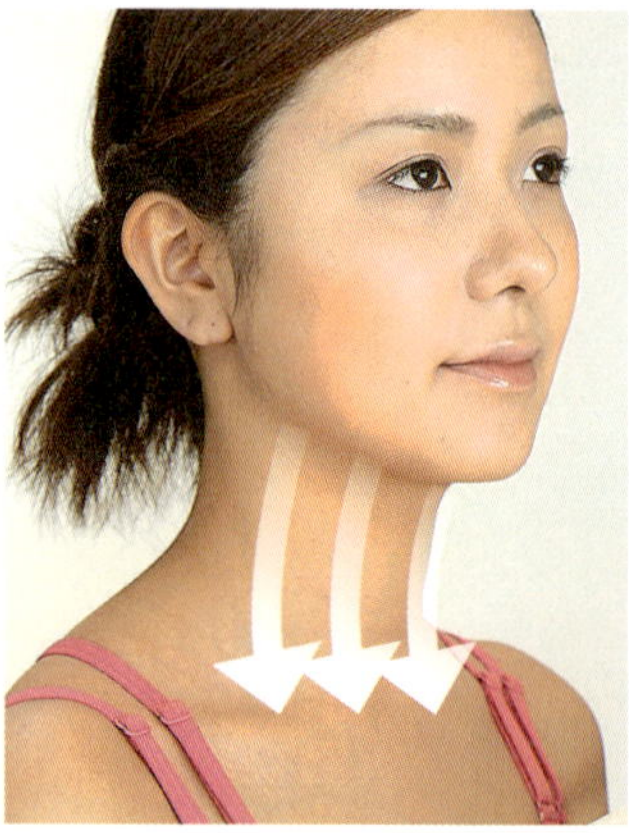

3. あごを上げて、しわを伸ばす
ように首全体をなで下ろす。

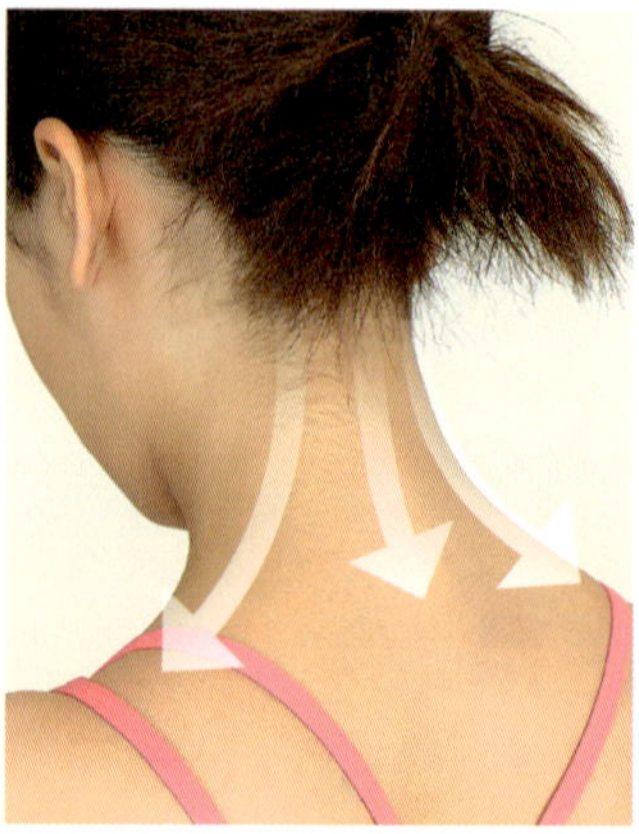

2. 襟足から肩にかけてなで下ろす。

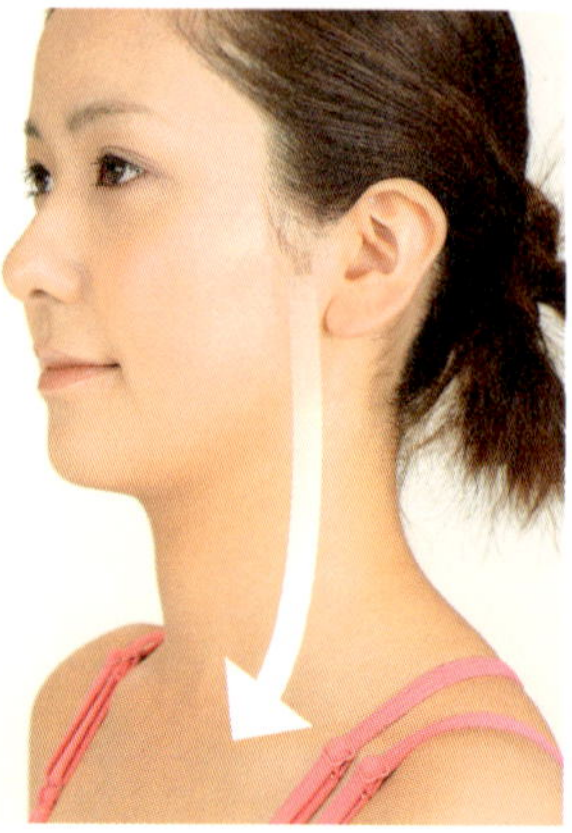

1. 耳から首、鎖骨のくぼみへ
なで下ろす。

03 谷

耳を谷で下から挟むように置いて、肩へ向けてなで下ろす。

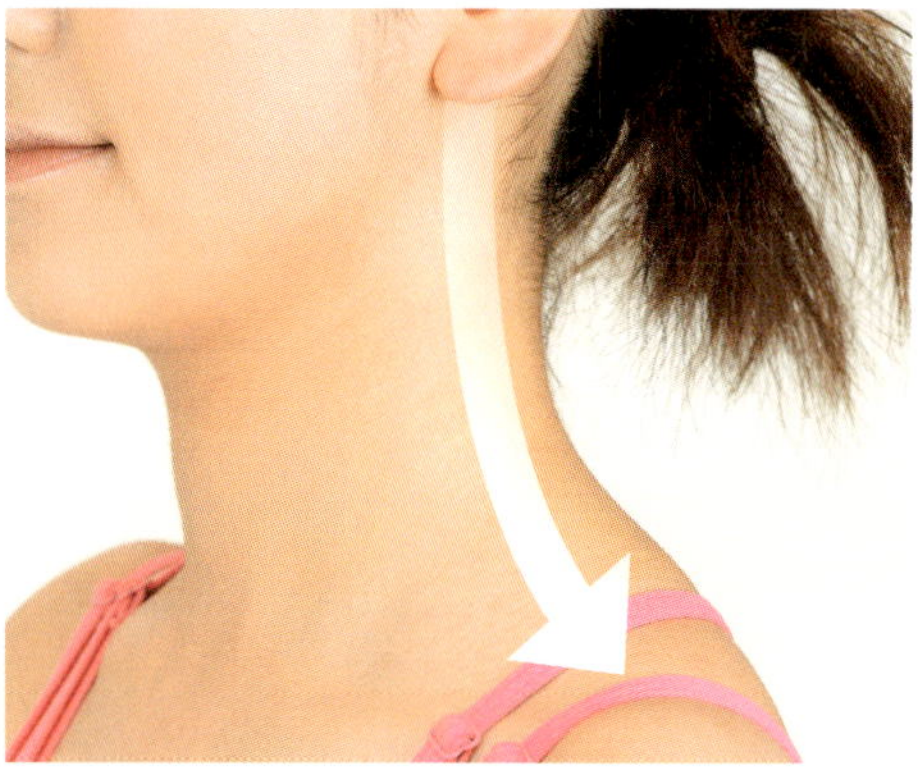

Point!

ここには首、顔、頭の血流に関係する経絡、筋肉、血管などがあり、これらを効率よく刺激することで顔のつや、透明感を引き出すことができます。首のしわにはもちろん、肩こり、首こり、目の疲れにも。

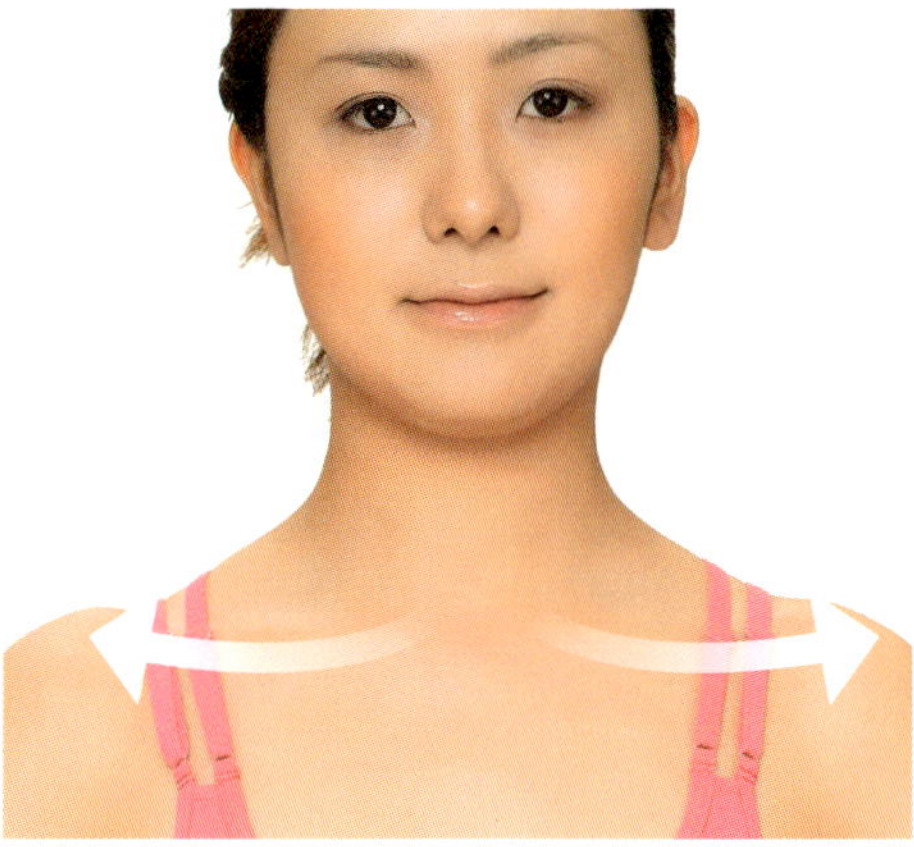

04 谷

鎖骨を谷でそっと挟み、中心から肩までなでる。

首のしわにはこのツボ！ ▸▸▸

風池（ふうち）

首筋のやや外側、
生え際あたりのくぼみ

大山を押しつけた状態で
頭を斜め後ろに傾ける。
こうすれば力を入れずに
効果的にツボを押せます。

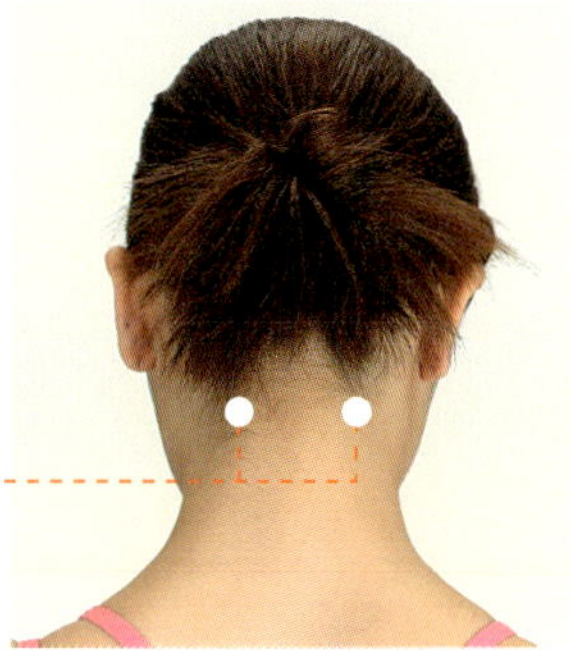

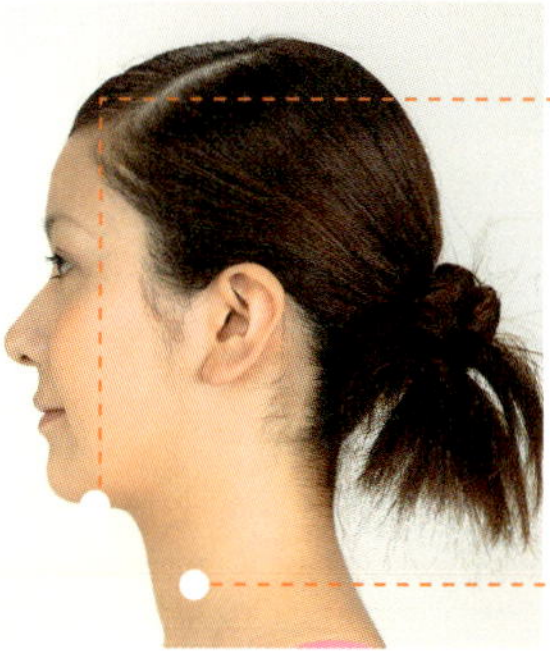

上廉泉（じょうれんせん）

あごの下のちょっと
へこんだところ

大山で上に押し込む

人迎（じんげい）

のどぼとけから少し外側の、
拍動を感じるところ

大山でやさしく押さえる。
押し込まなくても
十分に効果あり。

Special Care

簡単ストレッチ

あごを上げて顔を真上に向け、首を伸ばす。
その状態で「イ」「ウ」を繰り返す。あるいは、
「ベー」っと舌を思い切り出し、そのまま舌を左右に動かす。
舌を引っ込め、のどのほうへ舌を丸める。慣れたら、
真上を向いた状態から首をゆっくり右→真ん中→左と回す。

Small Face

小顔（顔のむくみ）

小顔を目指す近道のひとつが、
むくみの解消です。
顔のむくみとは、顔の皮膚の下の組織に
水分がたまってしまった状態。
特にまぶたは皮膚が薄くたるんでいるため、
水分がたまりやすいのです。
リンパ液がスムーズに流れなかったり、
静脈がつまったりして、余分な水分がたまり、
むくみとなって現れます。
最終的には、むくみは全身につながる問題。
顔だけでないトータルケアが重要です。

Warming-up Care

蒸しタオル＋冷かっさ

1. 蒸しタオルで顔全体を覆う。
2. 冷蔵庫で冷やしておいたかっさ板を目の上に置く。
左右交互に、少し圧をかけながら。
3. 鼻筋やほお、額、フェイスラインなど、
気になるところにも同様に。
4. 蒸しタオル→冷かっさ→蒸しタオル→冷かっさ……
これを数回繰り返す。

01

28ページの「耳ストレッチ」を行う。

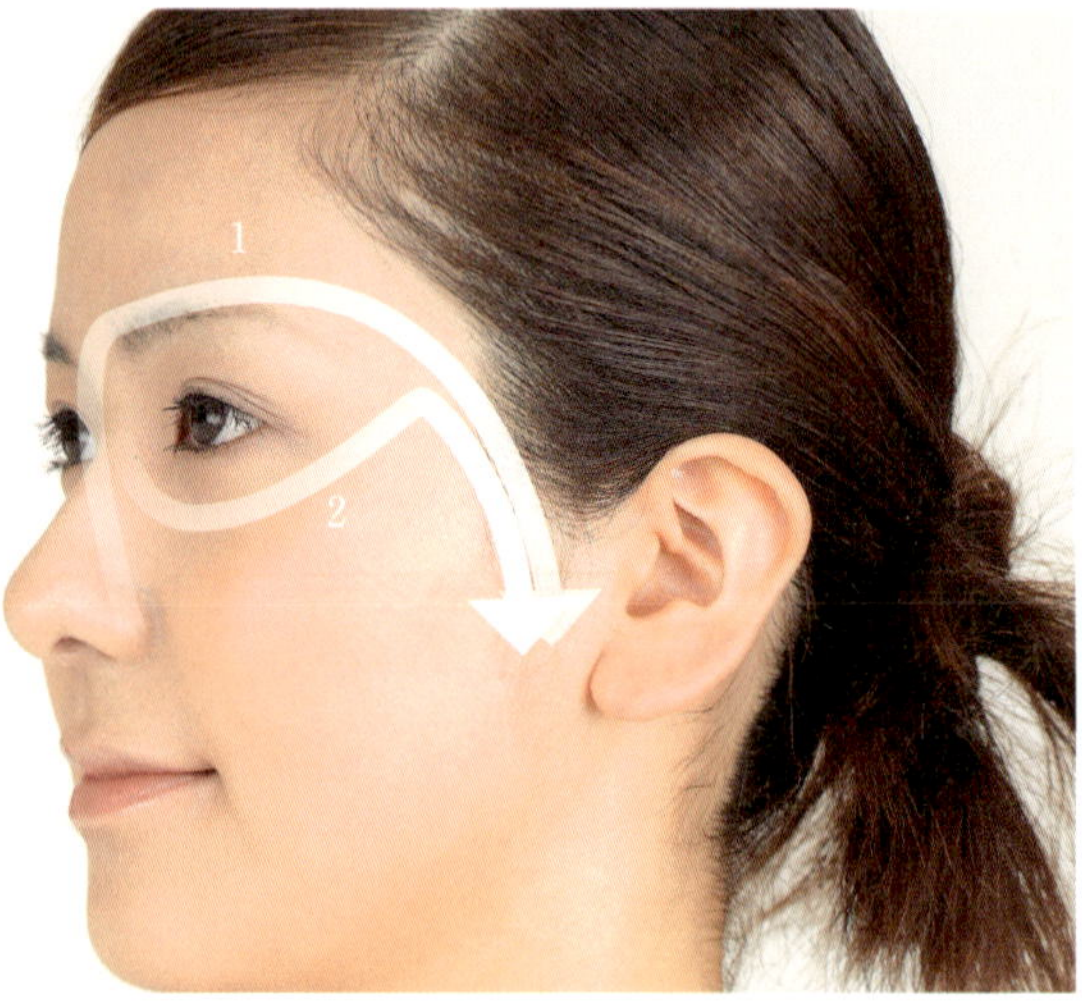

02

大山

1. 鼻に沿って下から上に目頭までなで
上げ、
そのまま眉毛の上を通って、
こめかみ、耳の付け根までなでる。
2. 今度は目頭から下まぶたの下を通り、
こめかみ、耳の付け根までなでる。

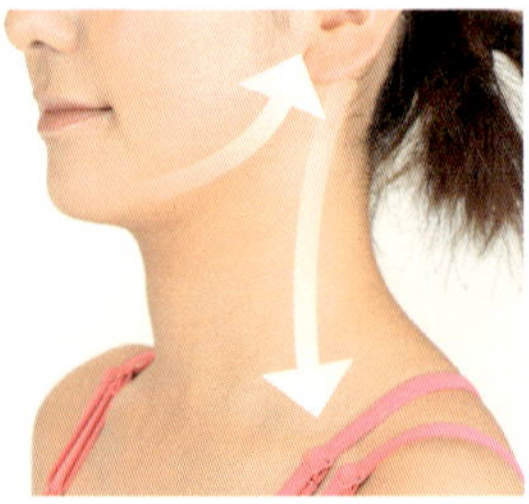

03

谷・腹

あごの中心からフェイスラインに沿って、
谷で挟むようにして耳の付け根へなで上げる。
そこから腹で鎖骨のくぼみまでなで下ろす。

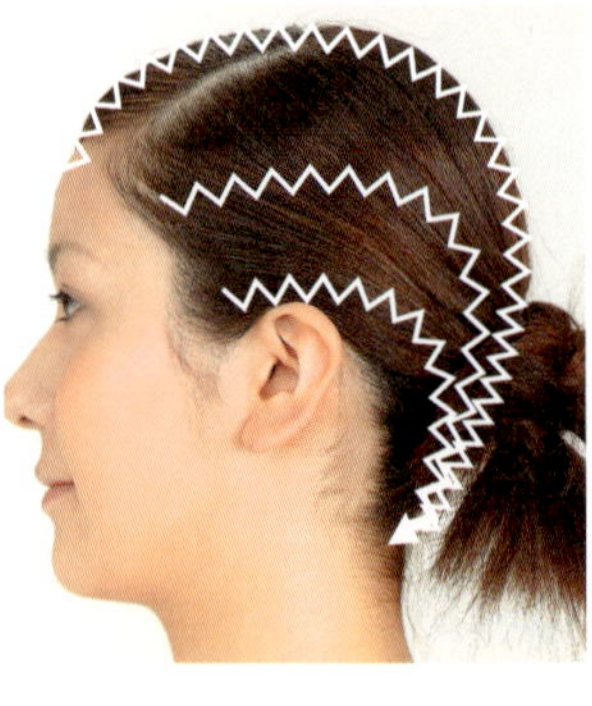

04

大山

生え際、耳の上、こめかみから、
それぞれ襟足に向かって
ギザギザになでる。

Point!

耳のまわりには顔面に通る経絡が集中しているので、ここをなでるだけで顔全体の新陳代謝がよくなります。

pen BOOKS 『Pen』で好評を博した特集が書籍になりました。［ペン編集部 編］

最新刊 **神社とは何か？ お寺とは何か？ 2**
必ず訪れたい寺社巡りガイド ●定価1575円／ISBN978-4-484-12210-6

好評2刷！

キリスト教とは何か。Ⅰ 西洋美術で読み解く、聖書の世界
池上英洋 監修 ●定価1890円／ISBN978-4-484-11232-9

キリスト教とは何か。Ⅱ もっと知りたい！ 文化と歴史
●定価1890円／ISBN978-4-484-11233-6

やっぱり好きだ！ 草間彌生。 2刷 ●定価1890円／ISBN978-4-484-11220-6

恐竜の世界へ。 ここまでわかった！ 恐竜研究の最前線 真鍋真 監修 ●定価1680円／ISBN978-4-484-11217-6

印象派。 絵画を変えた革命家たち ●定価1680円／ISBN978-4-484-10228-3

1冊まるごと佐藤可士和。[2000-2010] ●定価1785円／ISBN978-4-484-10215-3

広告のデザイン ●定価1575円／ISBN978-4-484-10209-2

江戸デザイン学。 ●定価1575円／ISBN978-4-484-10203-0

もっと知りたい戦国武将。 ●定価1575円／ISBN978-4-484-10202-3

美しい絵本。 3刷 ●定価1575円／ISBN978-4-484-09233-1

千利休の功罪。 2刷 木村宗慎 監修 ●定価1575円／ISBN978-4-484-09217-1

茶の湯デザイン 5刷 木村宗慎 監修 ●定価1890円／ISBN978-4-484-09216-4

神社とは何か？ お寺とは何か？ 7刷 武光誠 監修 ●定価1575円／ISBN978-4-484-09231-7

ルーヴル美術館へ。 ●定価1680円／ISBN978-4-484-09214-0

パリ美術館マップ ●定価1680円／ISBN978-4-484-09215-7

ダ・ヴィンチ全作品・全解剖。 3刷 池上英洋 監修 ●定価1575円／ISBN978-4-484-09212-6

madame FIGARO Books フィガロジャポンの好評特集が本になりました！ ［フィガロジャポン編集部 編］

最新刊 **憧れは、パリジェンヌの部屋。** ●定価1575円／ISBN978-4-484-12204-5

パリの雑貨とアンティーク。 2刷 ●定価1680円／ISBN978-4-484-11204-6

パリのビストロ。 3刷 ●定価1575円／ISBN978-4-484-10234-4

パリのお菓子。 ●定価1575円／ISBN978-4-484-10227-6

More Effective...

もっと効果がほしいあなたへ

全身からむくみを撃退！ かっさ+ストレッチ&腹式呼吸

むくみの解消には腎の水分代謝機能を高め、
体を温めることが一番！ストレッチと腹式呼吸も組み合わせて、
手ごわいむくみをやっつけましょう。

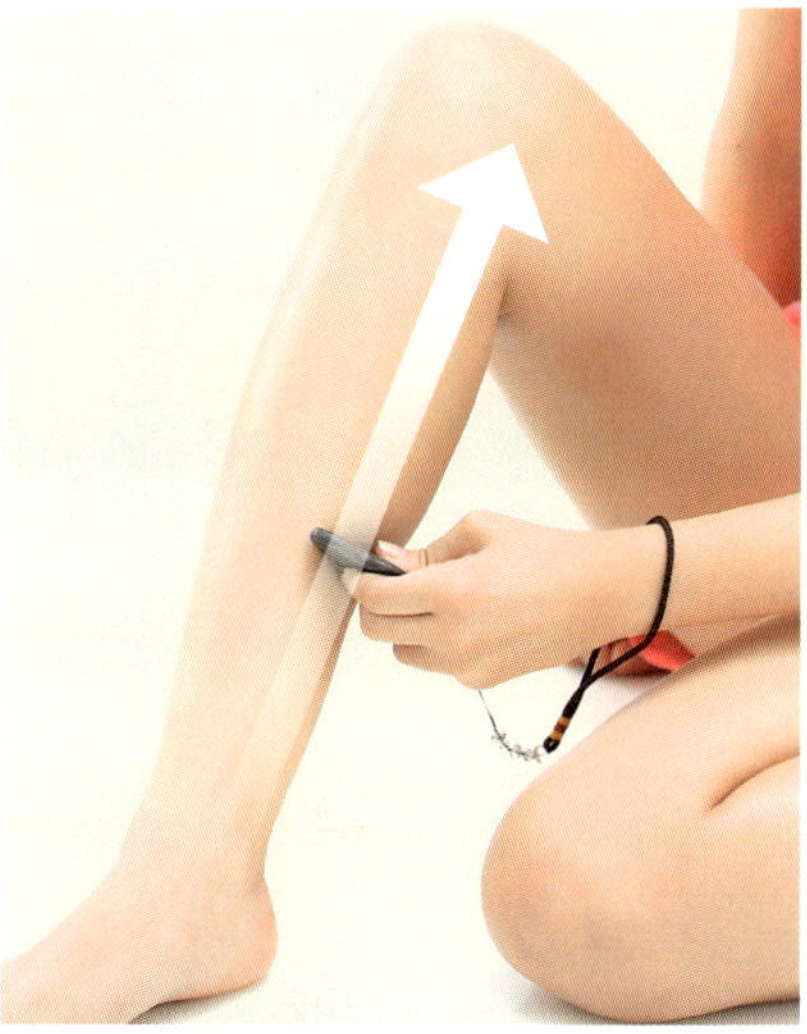

01 腹

内くるぶしからひざの内側までをなで上げる。

Point!

脚の内側には「腎経（じんけい）」という経絡が走っていて、ここをなでることで腎臓の働きがよくなり、水の代謝が改善されます。むくみの原因である冷え解消にも効果的。

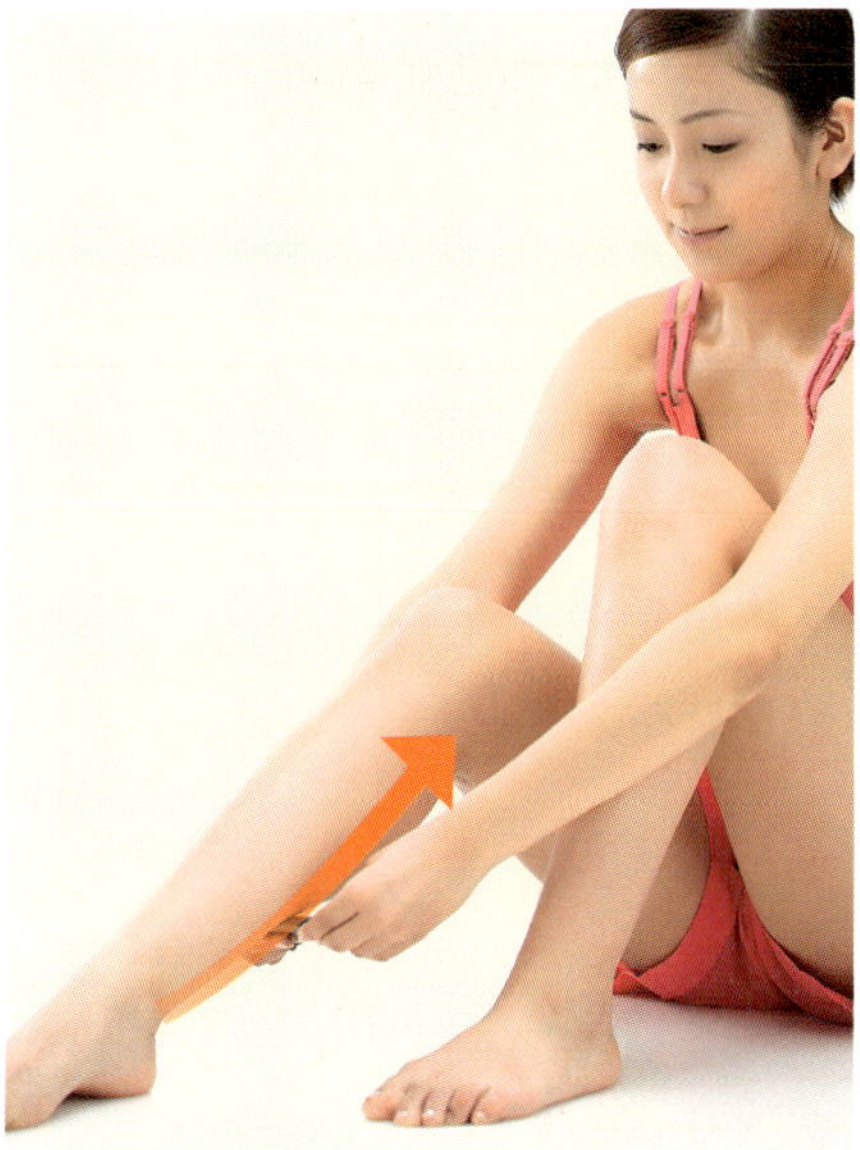

02 腹

1. つま先を上に向け、ふくらはぎが張っていることを確認。
2. つま先をもとに戻し、筋肉がゆるんだところで、
アキレス腱からひざの裏までなで上げる。

Point!

つま先を上に向けることでふくらはぎの筋肉が緊張して血管を圧迫し、つま先をもとに戻したときに筋肉がゆるみ、ポンプのように血液を流してくれます。かっさ板でなでることで、このポンプ作用の効果がさらに高まります。ふくらはぎを走る「膀胱経（ぼうこうけい）」は「腎経（じんけい）」とペアになって体の水分を浄化し、不要なものを尿として排泄する働きがあります。西洋医学から見ても、東洋医学的にも、むくみ撃退に欠かせない重要なステップです。

03 腹

腕の内側の上部を、
ひじから手首を通って親指までなでる。

Point!

腕の内側には「肺経（はいけい）」という経絡が走っています。全身に気を巡らせる大切な経絡で、体内の水分の働きも調節しています。この働きが衰えると腎機能も低下して水分代謝がうまくできず、むくみが生じてしまいます。

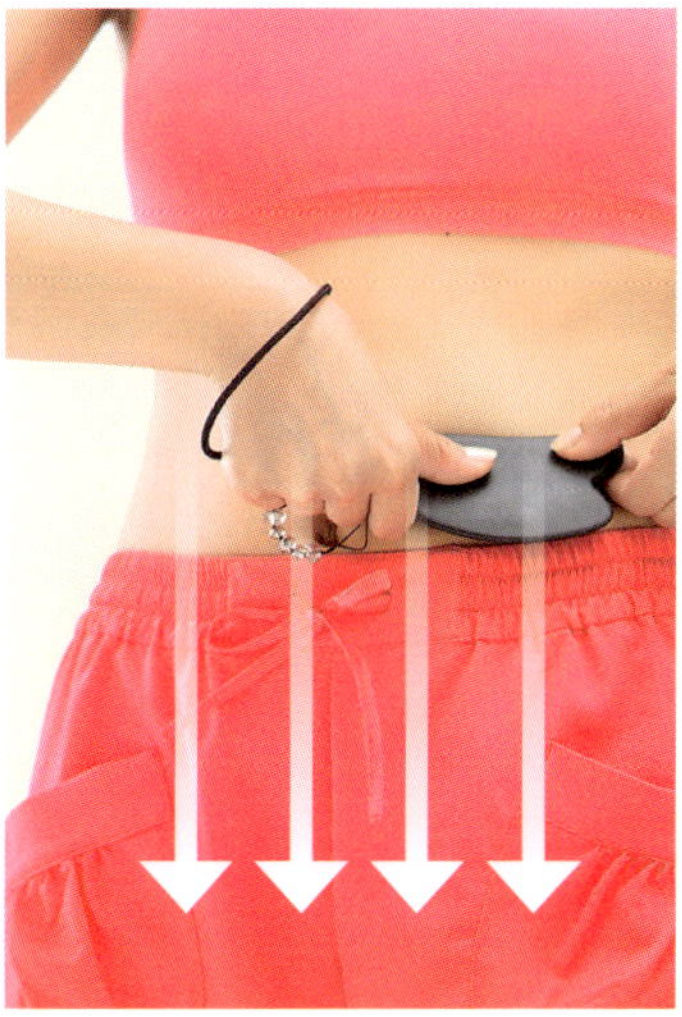

04 腹

思いきり息を吸って
お腹をふくらませたら、
息を吐きながらお腹全体を
上から下になでる。

Point!

腹式呼吸でお腹に圧力をかけることで、いったんお腹の血管が押されます。そして息を吐くと、圧力が弱まって血流がよくなります。ここにかっさを使うことで、相乗効果を生み出します。また、お腹には水分の代謝をよくするツボと経絡がたくさんあります。

むくみにはこのツボ！ ▶▶▶

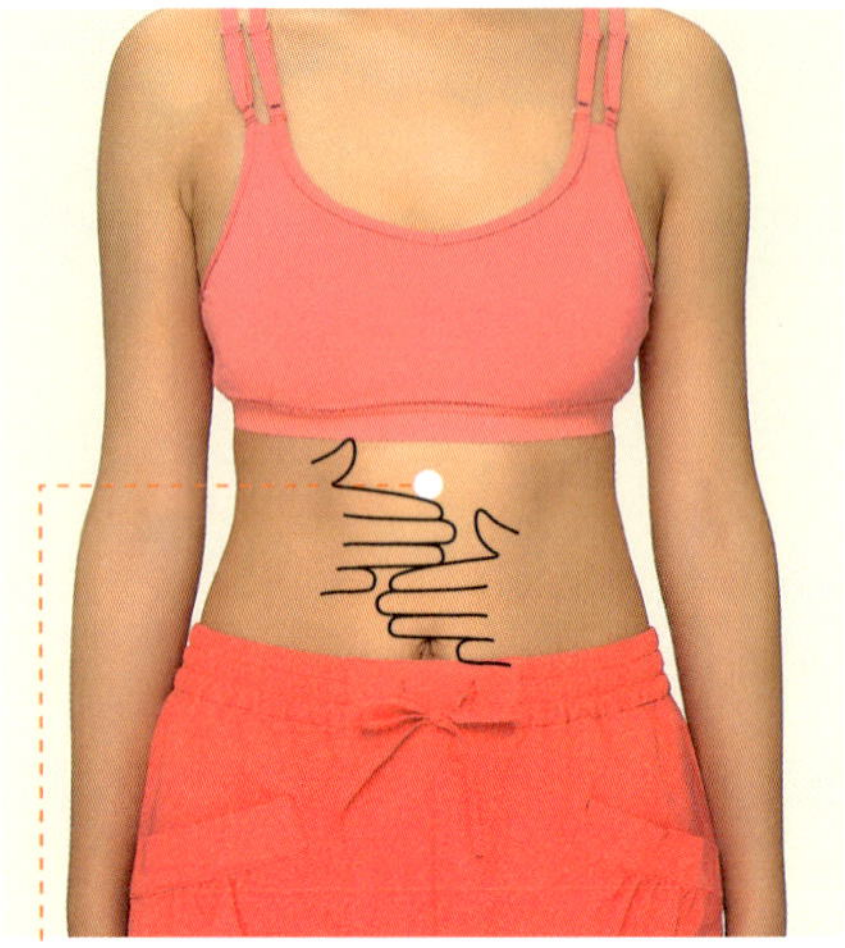

中脘（ちゅうかん）

おへそから指6本分上のところ

大山で垂直に
押しこみながら
小回しにグルグルする。

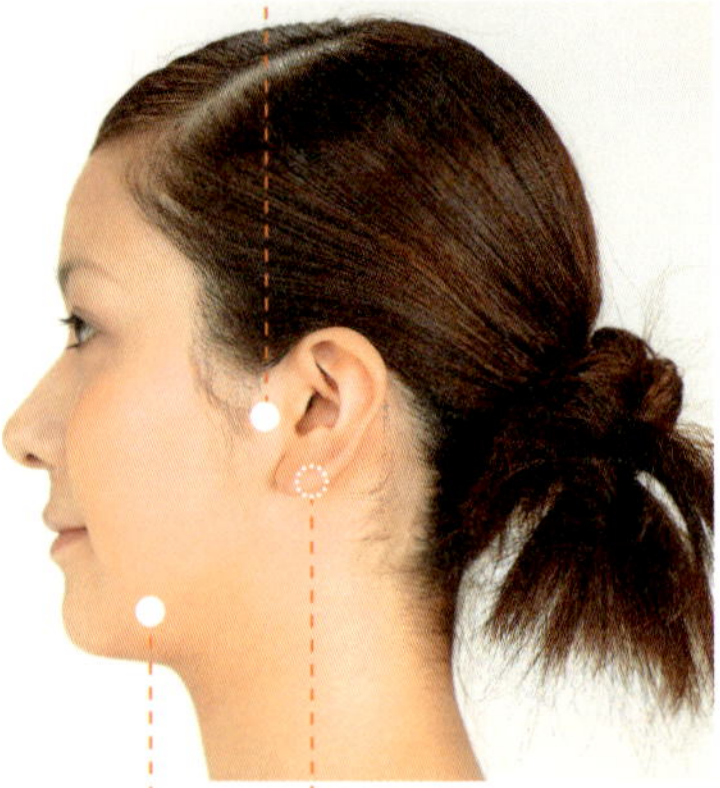

和髎（わりょう）

もみあげの後方、耳の前方あたり

大山で圧をかけたまま斜めに引き上げる。

大迎（だいげい）

口をふくらませると
できる、あごのくぼみ。
触れたときに拍動しているところ

大山で垂直に押して、
外回りにクルクル回す。

翳風（えいふう）

あごの付け根。
耳の下のくぼんだところ

大山でクルクル押し回して
刺激する。

Column

そもそも「むくみ」って？

むくみには２種類あります。
冷え、血行不良、塩分の摂りすぎ、アルコールの摂取、
ホルモンの影響などが原因の一時的なむくみと、
腎臓・心臓・甲状腺の病気、腎臓病、肝臓病、心臓病、
妊娠中毒症などの病気が原因のむくみです。
東洋医学で考えると、むくみの正体は「水」の停滞。
水がたまってしまう原因は複雑ですが、簡単に説明すると
「腎」という働きが悪くなると体の水分の代謝が悪くなり、
外に排泄されるべき水分が体の中に停滞してむくむ、ということです。
また、「肺」の気を全身に巡らせる働きが悪くなると、
水分の循環がうまくいかなくなり、体の上方に水がたまると顔のむくみ、
下方にたまると脚のむくみにつながります。
他にも「脾」の消化吸収の働きが悪くなると水を運ぶ働きも悪くなり、むくみます。
「三焦」は水をすみずみまで行き渡らせる役目がありますが、
この働きが弱くなってもむくみが出ます。
つまり、むくみを解消するためには全身の経絡の巡りをよくすることが
重要なのです。顔がむくんでいるから顔だけをケアすればいい、ということはなく、
体全体の調子を考えて適切なケアを行いましょう。

Acne

大人ニキビ

ほお、あご、胸元、フェイスライン、背中などにできる大人ニキビ。原因はひとりひとり違います。ストレス、ホルモンバランスの乱れや食生活の乱れ、睡眠不足のほか、間違ったスキンケアが原因となることも。東洋医学では「肌は内臓の鏡」。大人ニキビは、何らかの原因で皮膚からの熱の発散がうまくいかないことで起こる症状のひとつなのです。

Attention!

ニキビの上をかっさ板でなでてはいけません!

大人ニキビは体の不調を知らせる大切なサインなので、生活習慣を見直し、体の中からスムーズに気血が流れるようにケアしましょう。何が原因かわからない、あるいは原因が複数ある場合は「手足経絡ケア」(→76ページ)で全身ケアしましょう。

大きなニキビのまわりをかっさで刺激して血流をよくするのも悪くはありませんが、大人ニキビの場合、〝局所〟だけのケアよりも体の不調を改善するほうが確実な方法です。

大人ニキビにはこのツボ!

三陰交(さんいんこう)

内くるぶしの最高部から指4本分上のところ

大山で垂直に押し込む。

＊ホルモンバランスの乱れによるニキビに。

Point!

刺激が強いと感じる人はストレスがかなりたまっている人。大山ではなく、おしりで押さえるともう少しやわらかい刺激になります。

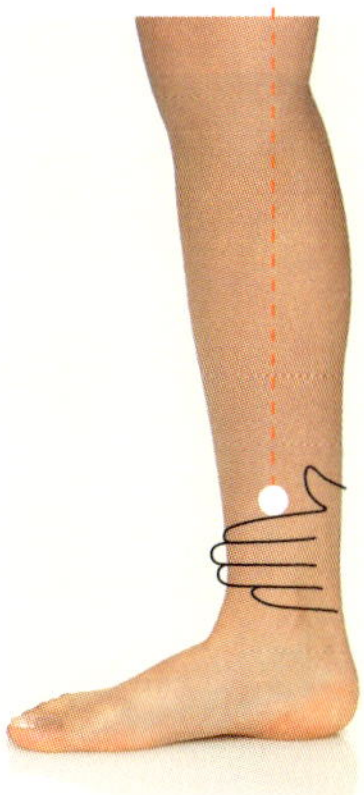

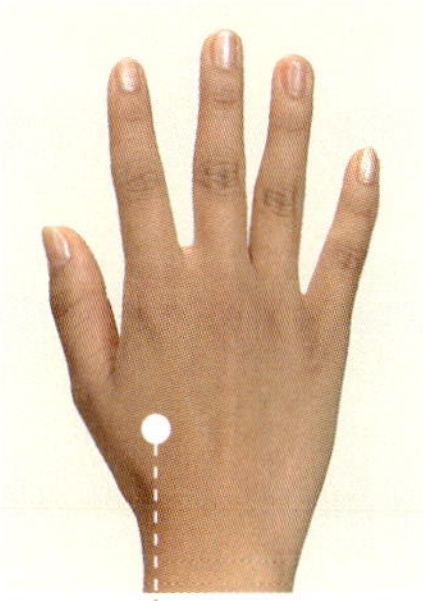

合谷(ごうこく)

親指と人差し指の間、骨に当たるくぼみ

大山で人差し指の骨に向かって押し込む。

＊便秘など胃腸の症状を伴うニキビに。

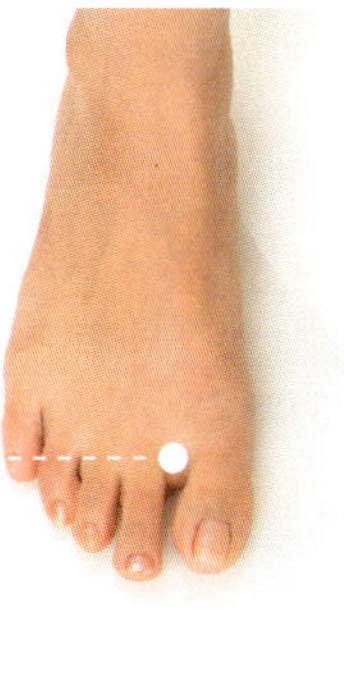

行間(こうかん)

足の親指と人差し指の間

大山で親指の骨に向かって押す。

＊炎症が強く、痛みがあるニキビに。

膻中(だんちゅう)

胸の真ん中、左右のバストトップを結ぶラインの中心

大山で力を入れずに押さえる。＊ストレスによるニキビに。

関元(かんげん)

おへそから指4本分下のところ。いわゆる「丹田」

おしりで押し込みながらクルクル回す。

＊加齢によってターンオーバーが遅くなったニキビに。

肝斑

Liver Spots

肝斑（かんぱん）はシミの一種で、淡褐色のシミが頬骨や額、口のまわりに左右対称に現れるのが特徴です。治るまでに時間がかかるため、気長なケアが必要。

原因は複雑で、女性ホルモンのバランスが影響しているといわれています。そのほかに紫外線、ストレス、不規則な生活、睡眠不足も原因としてあげられます。皮膚のターンオーバーのサイクルを保ち、女性ホルモンの分泌バランスを保つことが大切です。

01

28ページの「耳ストレッチ」を行う。

02

29ページの「頭マッサージ」を行う。

03

腹

内くるぶしと
アキレス腱の
間からひざの内側に
向かってなで上げる。

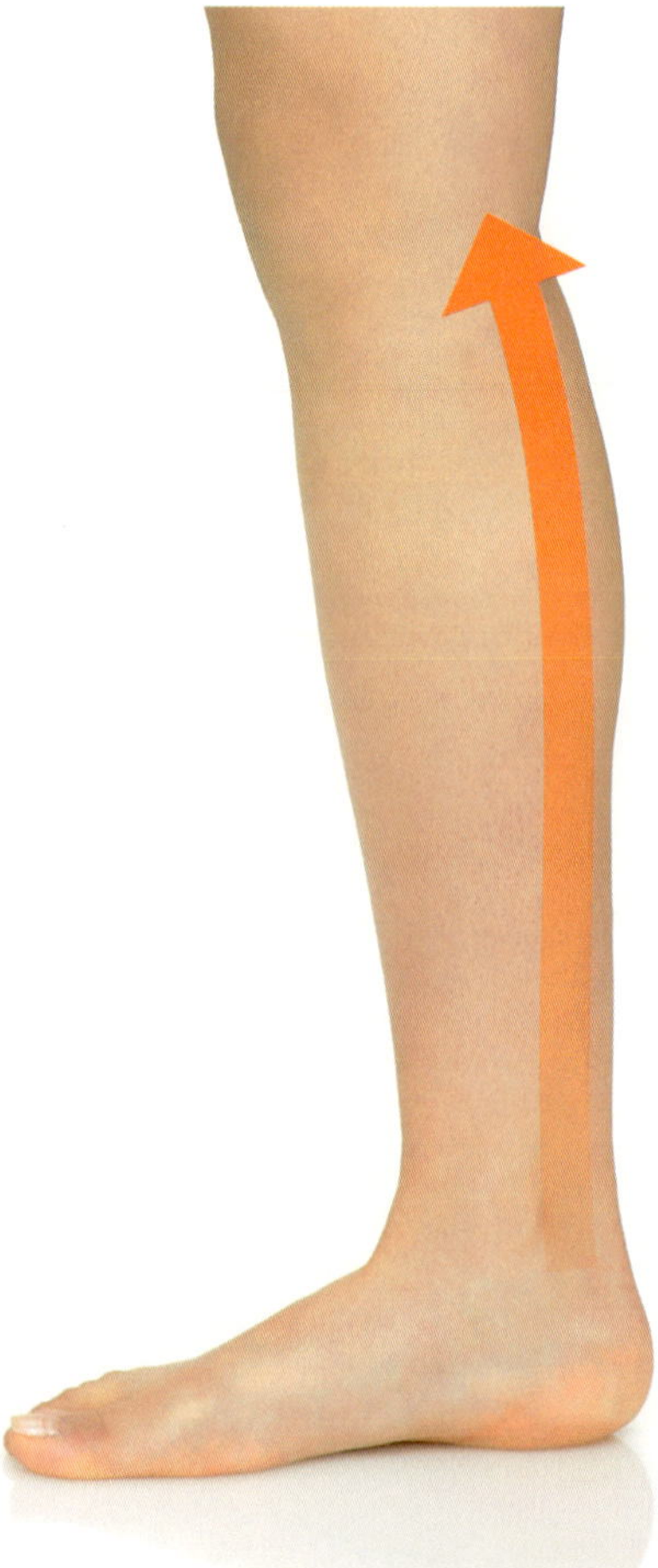

Point!

かっさ板が幅広く皮膚に当たるように。ここには肝斑と関係の深い大切な３つの経絡「肝経（かんけい）」「脾経（ひけい）」「腎経（じんけい）」が流れています。この動作ひとつで、これらを一度になでることができるのです。

肝斑にはこのツボ！

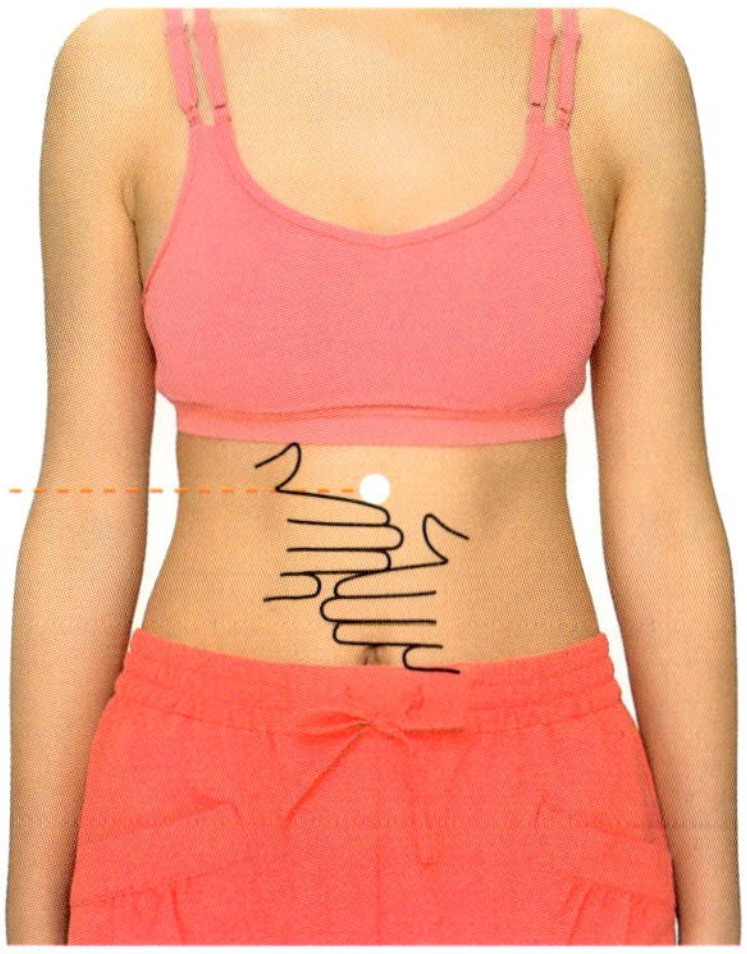

三陰交（さんいんこう）

内くるぶしの最高部から指４本分上のところ

大山で垂直に押し込む。

＊どのタイプの肝斑にも効果あり

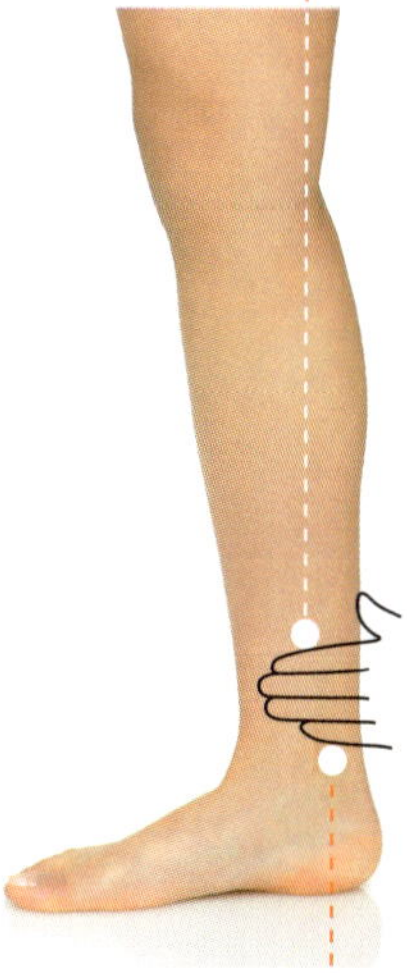

中脘（ちゅうかん）

おへそから指6本分上のところ

大山で垂直に
押しこみながら
小回しにグルグルする

＊消化吸収の働きが
うまくいかず、代謝が悪いことが
原因（＝「脾」）の場合

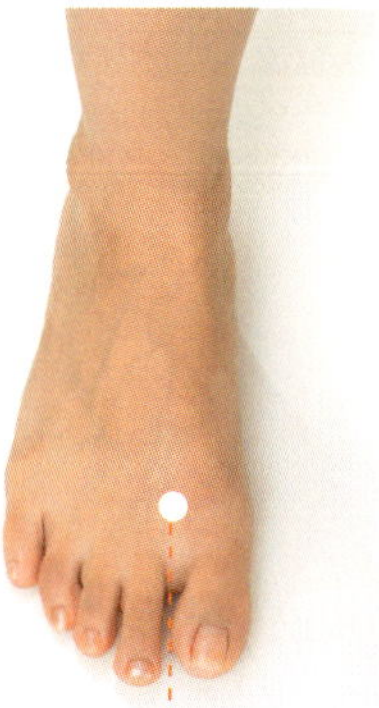

太衝（たいしょう）

足の親指と人差し指の骨が
接合しているところ

大山で骨に向かって押し込む。

＊血行が悪いことが原因（＝「肝」）の場合

太谿（たいけい）

内くるぶしとアキレス腱の
間で拍動を感じるところ

大山で皮膚に押しこむ。

＊ホルモンバランスの崩れ、免疫力低
下が原因（＝「腎」）の場合

Column

肝斑をやっつける秘策は“脚”にあり

東洋医学的には、肝斑は「肝」「脾」「腎」の各機能と
深く関係しています。

「肝」の場合
血の運行が悪くなり、肝斑となる。他に月経痛、イライラ、胸がつかえるなどの症状を感じることも。

「脾」の場合
消化吸収の働きがうまくいかず、代謝が悪くなって肝斑ができる。他には食欲不振、便秘、下痢、胸やけなどの症状がある。

「腎」の場合
ホルモンバランスの崩れ、免疫力低下によって肝斑に。倦怠感、腰・ひざがだるい、耳鳴り、顔や足のむくみなどの症状を感じることがある。

それぞれに関係する経絡「肝経（かんけい）」「脾経（ひけい）」「腎経（じんけい）」は、
いずれも脚の内側を流れています。
したがって、ここをかっさ板で刺激することが肝斑解消の近道なのです。
とはいえ、もちろん顔のケアも大切。どちらか一方だけをケアするのではなく、
トータルで体の中から美しくなろう、という意識が必要です。

Pores

毛穴&化粧ノリ

お化粧のノリをよくするには、お肌のきめを整えることが第一です。
皮膚のターンオーバーは、通常28日周期といわれています。
かっさで皮膚の毛細血管やリンパに働きかけ、
新陳代謝をアップさせて新しい皮膚細胞をどんどん
生成させることで、毛穴のつまりを解消し、きめを整えましょう。

01  大山

1. 小鼻から目頭にかけてさすり上げ、そこでちょっと止める。
2. 鼻筋を上から下へなでる。
3. 小鼻をなでる。

Point!

毛穴が最も目立つ鼻まわりは、毛細血管に働きかけることで皮膚のターンオーバーをスムーズにし、毛穴のつまりや汚れのトラブルを解消しましょう。特に黒ずみ毛穴に！

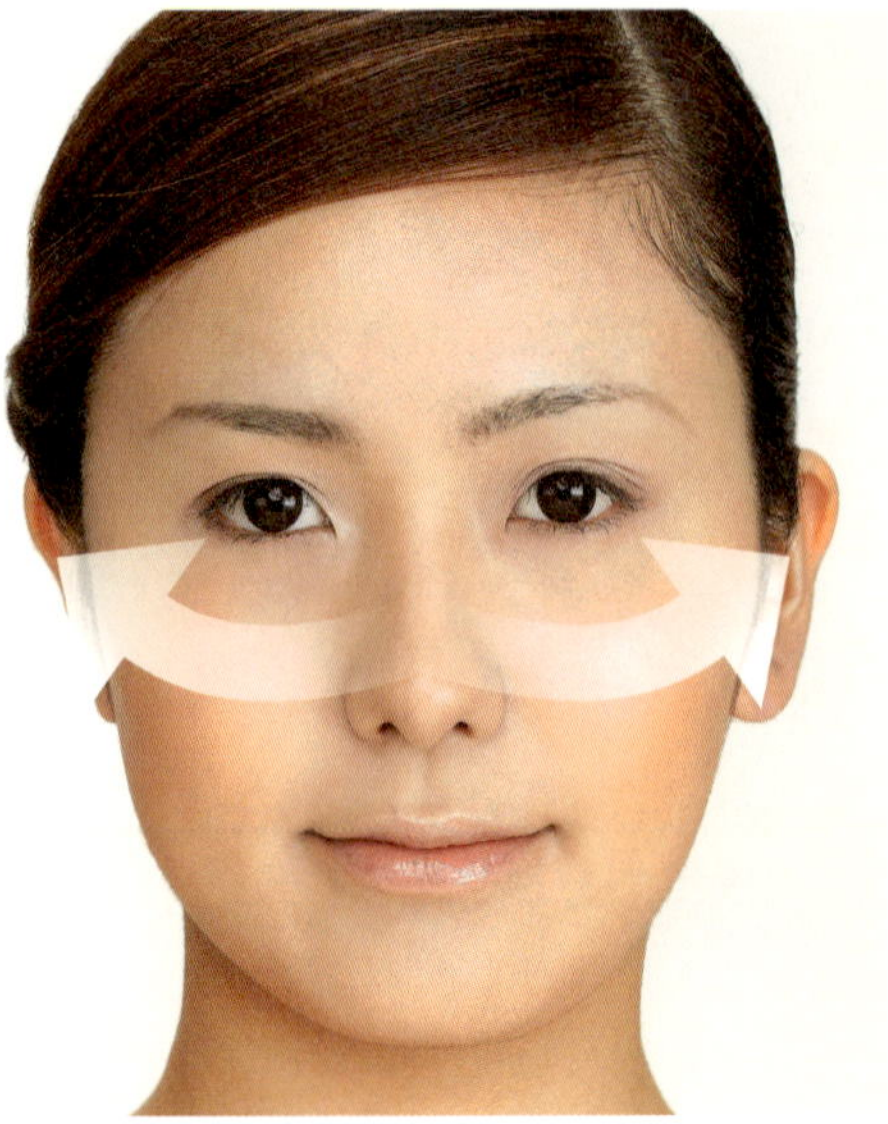

02  面

鼻の中心からほおを通って、耳にかけてなでる。

Point!

化粧ノリの良し悪しがよく表れるほおの新陳代謝を高めます。

03  大山

生え際→こめかみ→耳の付け根→首→鎖骨へ
一気になでる。

Point!

余分な水分や老廃物を流して顔全体がすっきりすると、化粧ノリがとてもよくなります。

毛穴&化粧ノリにはこのツボ！

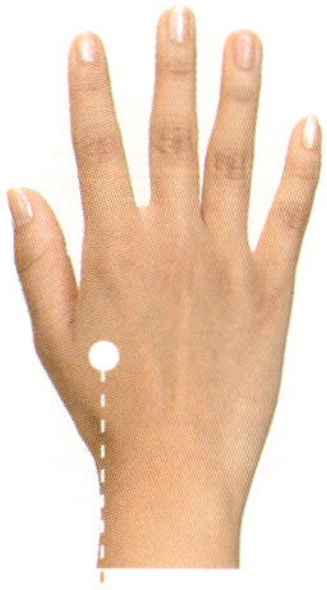

合谷（ごうこく）

親指と人差し指の間、骨に当たるくぼみ

大山で人差し指の骨に向かって押し込む。

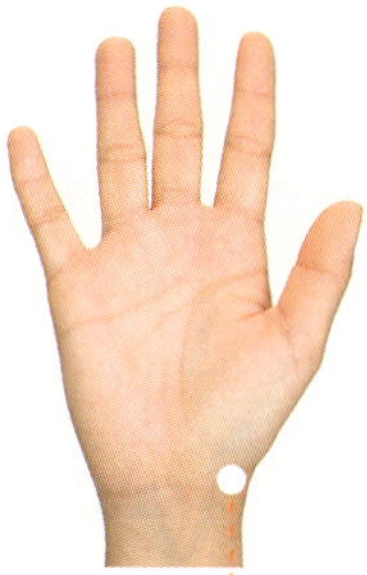

太淵（たいえん）

手首の親指側の付け根で拍動を感じるところ

大山でやさしく垂直に押さえる。

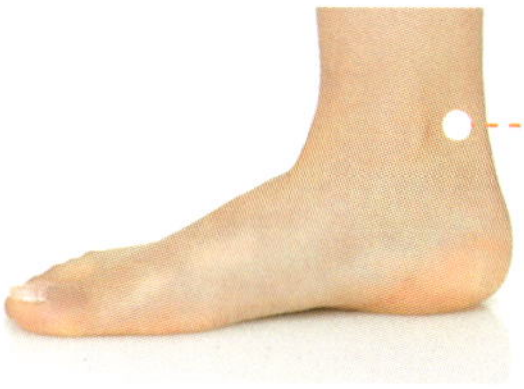

太谿（たいけい）

内くるぶしとアキレス腱の間で拍動を感じるところ

大山で皮膚に押しこむ。

Column

「毛穴」は結構汚れている!?

毛穴の開きの主な原因は
「皮脂」「黒ずみ」「たるみ」です。

皮脂毛穴

Tゾーンやあご、皮脂腺が大きい部位に目立つ毛穴。皮脂の過剰分泌、水分バランス・ホルモンバランスの乱れ、脂肪の多い食事、ストレスが原因。

黒ずみ毛穴

毛穴から出る皮脂は、古い角質、ほこり、ファンデーションなどと混ざると固くなって角栓に。この角栓が毛穴につまって空気に触れ、酸化したのが黒ずみ毛穴。

たるみ毛穴

加齢によって肌のハリが失われ、毛穴もたるんでしまうと、陥没した毛穴の陰影が浮き彫りに……ますます毛穴が目立つことに。

朝のお化粧前は、冷やしたかっさ板の面を肌に当てて毛穴を引き締めて！
夜のお手入れ時は温めたかっさ板で血流をよくし、
毛穴の汚れを浮かし出しましょう。皮膚のターンオーバーをスムーズに。

目のクマ

Dark Rings under Eyes

クマの原因は大きく分けて、
血行不良、色素沈着、たるみやくぼみの3つ。
共通する改善法は「血行をよくする」ことです。
目のまわりの皮膚はとても薄いので、
血管が鬱血したり、メラニン色素が沈着したり、
皮膚がたるんで影ができたりすると、
その部分が黒ずんで見えます。
これがクマです。
毛細血管を傷つけないように、
なでる際はソフトタッチを心がけましょう。

01  大山

小鼻から目頭に向けてさすり上げ、
骨に当たったところで止める。
少し圧をかけて５秒キープ。

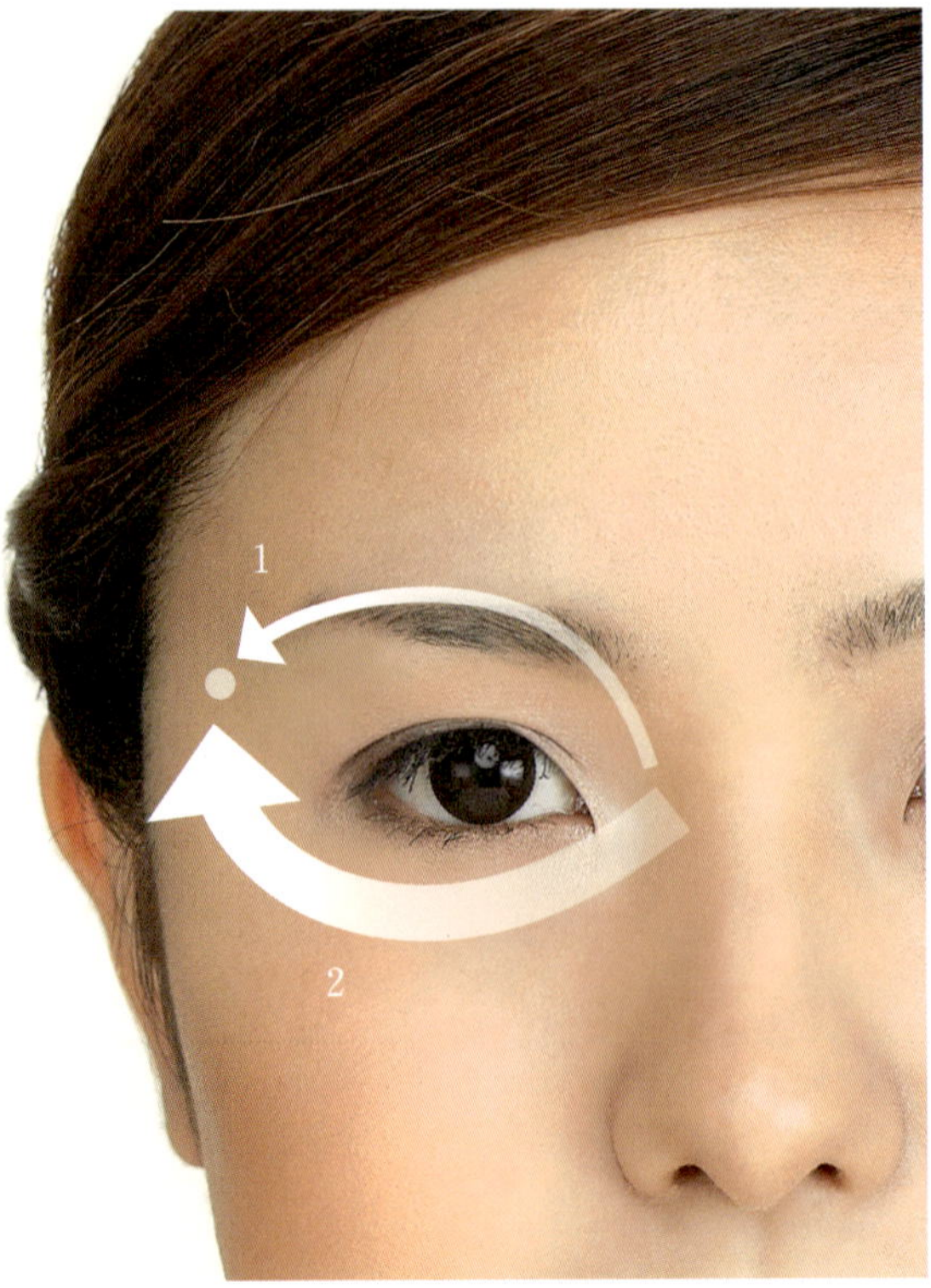

02  大山

1. 目頭から眉頭、眉毛の上を
眉尻に向かってなでる。
眉尻から少し外側の
ややへこんだところで止めて、
５秒キープ。らほお骨にそって
耳の前までなでて、一押し。
2. 目頭から目の下を通り、
眉尻の外側のへこんだところで止める。

料金受取人払郵便

目黒支店承認

543

差出有効期間
平成25年 3 月
1 日まで
（切手不要）

郵便はがき

153-8790

（受取人）
東京都目黒区目黒1-24-12
株式会社 阪急コミュニケーションズ
書籍編集部 行

■ご購読ありがとうございます。アンケート内容は、今後の刊行計画の資料として利用させていただきますので、ご協力をお願いいたします。なお、住所やメールアドレス等の個人情報は、図書目録の送付、新刊・イベント等のご案内、または読者調査をお願いする目的に限り利用いたします。

ご住所	□□□-□□□□　☎　－　－		
お名前	フリガナ	年齢	性別
			男・女
ご職業			
e-mailアドレス			

※小社のホームページで最新刊の書籍・雑誌案内もご利用下さい。
http://www.hankyu-com.co.jp

愛読者カード

■本書のタイトル

■お買い求めの書店名(所在地)

■本書を何でお知りになりましたか。

①書店で実物を見て　②新聞・雑誌の書評(紙・誌名　　　　　　　　)

③新聞・雑誌の広告(紙・誌名　　　　　　　)　④人(　　　)にすすめられて

⑤その他(　　　　　　　　　　　　　　　　　　　　　　　　　　　)

■ご購入の動機

①著者(訳者)に興味があるから　②タイトルにひかれたから

③装幀がよかったから　④作品の内容に興味をもったから

⑤その他(　　　　　　　　　　　　　　　　　　　　　　　　　　　)

■本書についてのご意見、ご感想をお聞かせ下さい。

■定期購読されている新聞・雑誌名をお教え下さい。

新聞(　　　　　　　　　　　　)　雑誌(　　　　　　　　　　　　)

■最近お読みになって印象に残った本があればお教え下さい。

■小社の図書目録をお送りしますか。　はい・いいえ

More Effective...

もっと効果がほしいあなたへ

目のケアには脚が大事!

脚の内側を走る「肝経（かんけい）」
「腎経（じんけい）」は、
目や血のめぐりと深く関係しています。
また、この２つの経絡の働きが悪くなると、
全身の経絡を調整している「胆経（たんけい）」
「膀胱経（ぼうこうけい）」にも影響を
与えてしまいます。
かっさ板で、これらの経絡を
まとめて流してしまいましょう。

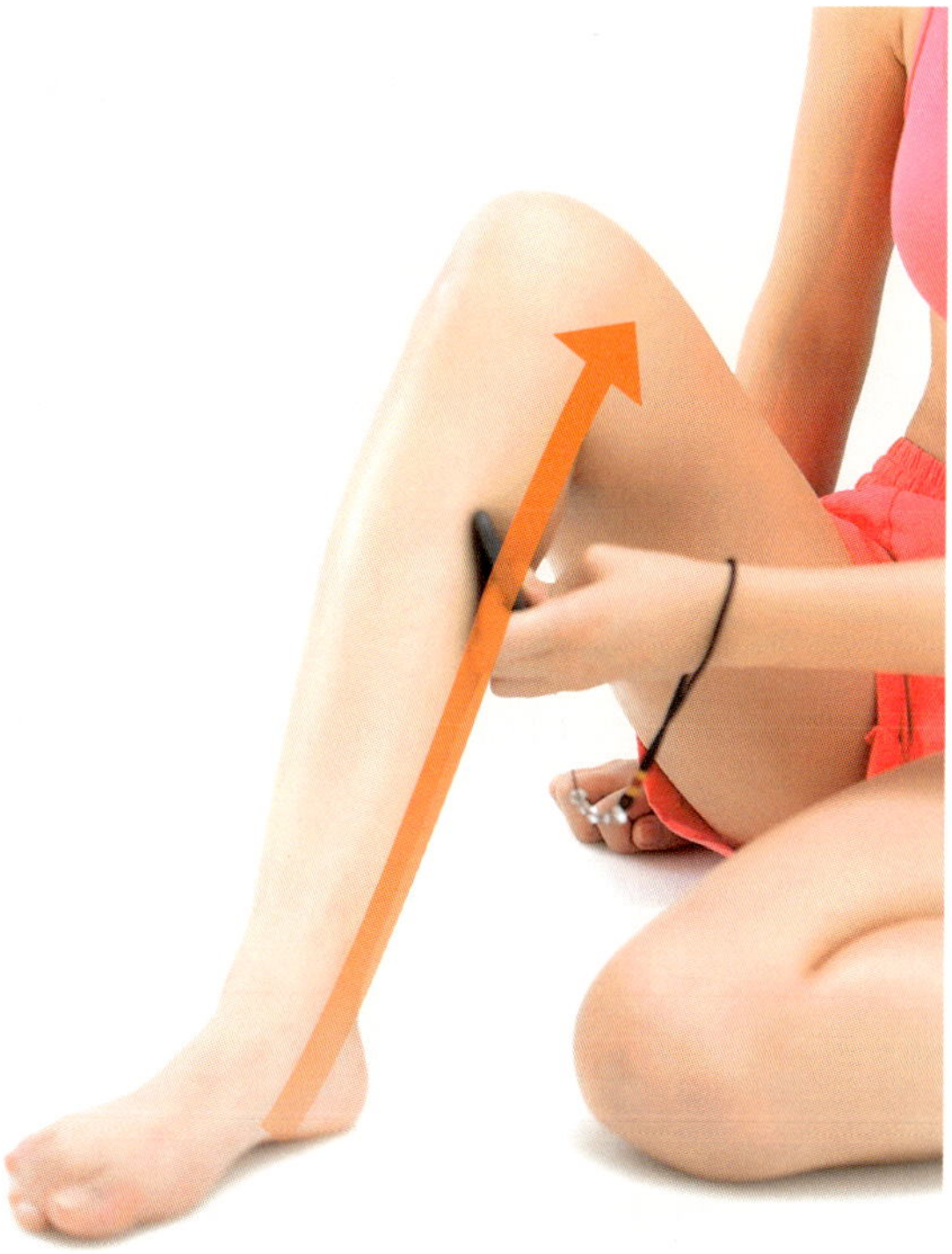

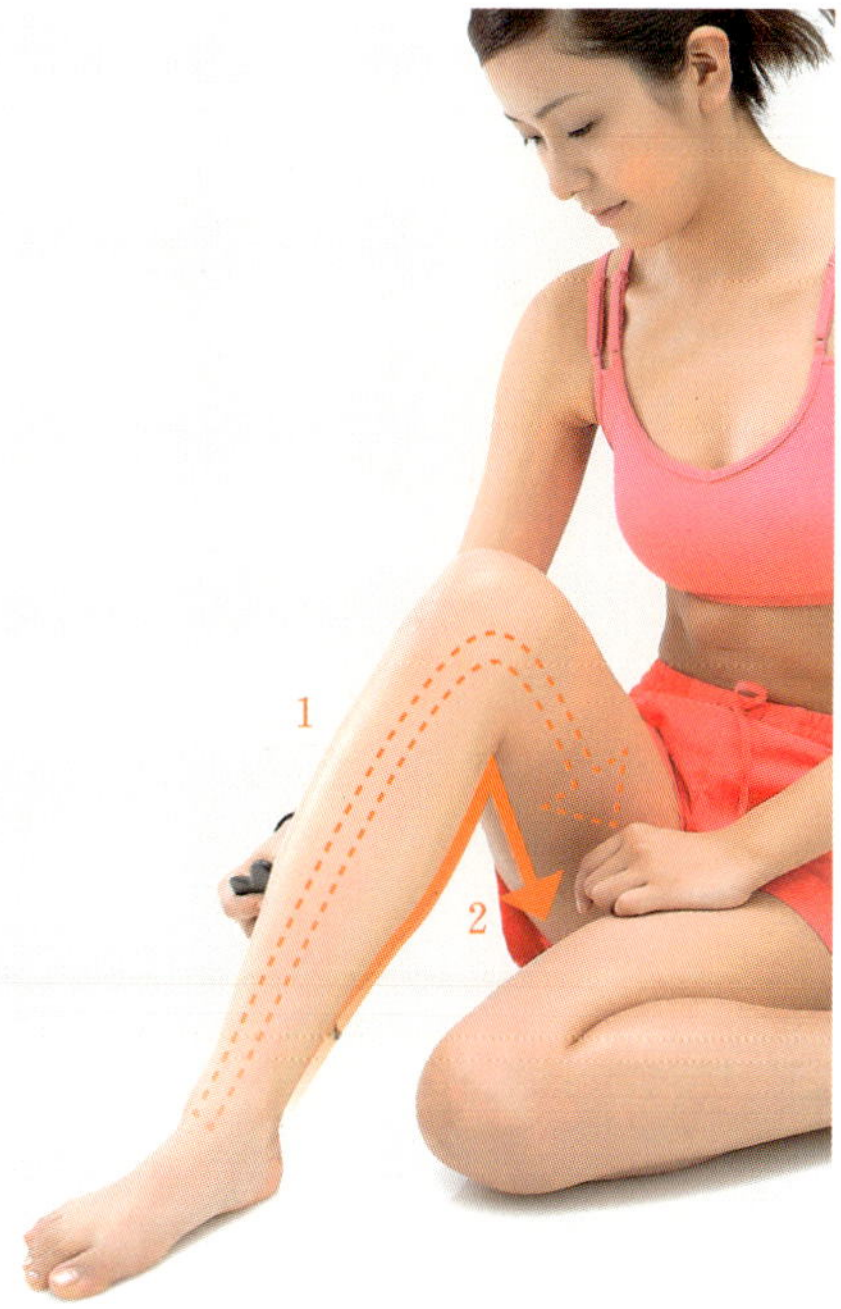

01  腹

脚の内側を、足の裏から内くるぶしを
通って、ひざ上まで上げる。

Point!
これで「肝経(かんけい)」と「腎経(じんけい)」を一気に流します。

02  腹

1. 脚の外側を、くるぶしの上から付け根に向かって
サーっとなで上げる。
2. 脚の後ろ側を、アキレス腱の上から太ももまでなで上げる。

Point!
これで「胆経(たんけい)」「膀胱経(ぼうこうけい)」をサーっと流します。

目のクマにはこのツボ! ▸▸▸

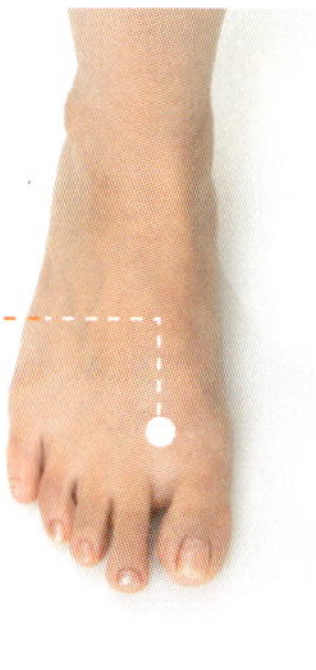

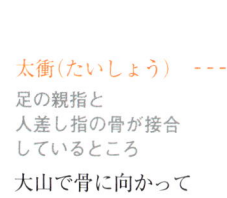

太衝(たいしょう)
足の親指と
人差し指の骨が接合
しているところ
大山で骨に向かって
押し込む。

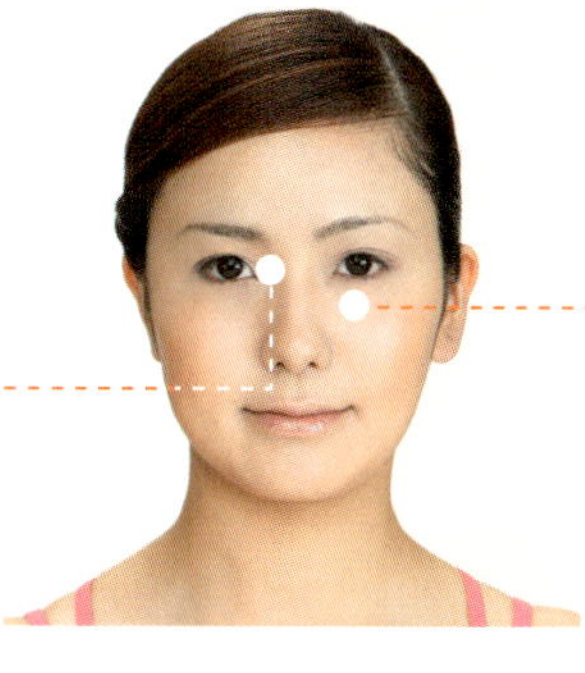

晴明(せいめい)
目頭と鼻の
付け根の間
大山で垂直に
押す。

四白（しはく）
まっすぐ前を
向いたときの
黒目の真下で、
へこんでいるところ
大山で
垂直に押す。

Double Chin

二重あご

あごには脂肪細胞が少ないので、
肥満が原因で二重あごになるとは限りません。
原因は、筋肉の衰え、むくみ、たるみ、ゆがみなど。
やわらかいものばかりを食べて筋肉が衰えたり、片側の歯だけで
噛む癖のある人は、顔のゆがみで二重あごになることもあります。
太っていないのに二重あごの人は、こうしたことが原因で、
あごの下にしわができ、経絡の流れを阻害して、余分な水分や
老廃物がむくみ、たるみになっている可能性があります。

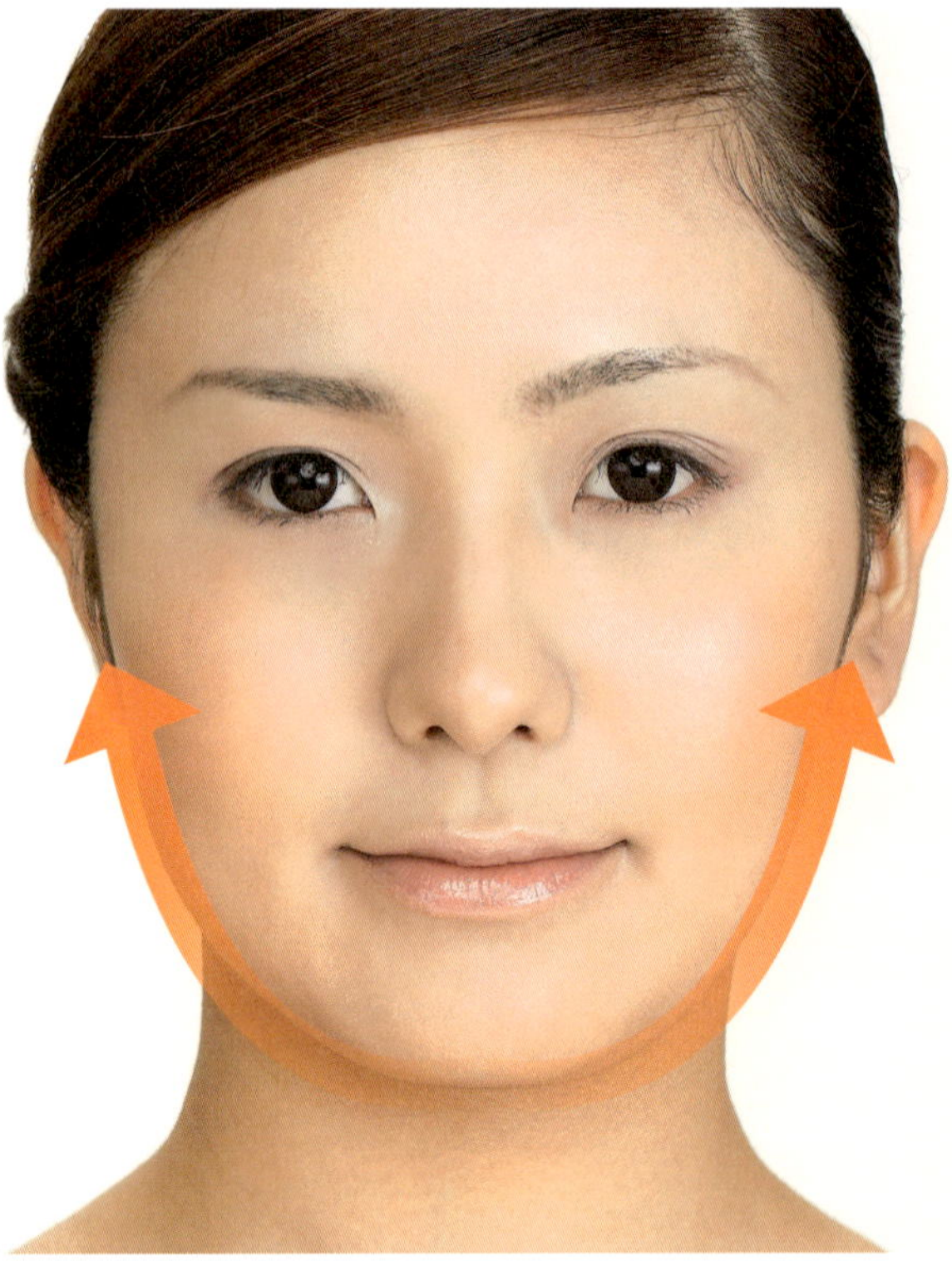

01

腹・谷

1. 腹で、あごの中心から耳の付け根に向かって
なで上げる。
2. 谷でフェイスラインを挟み、
あごの中心から耳の付け根へすべらせる。

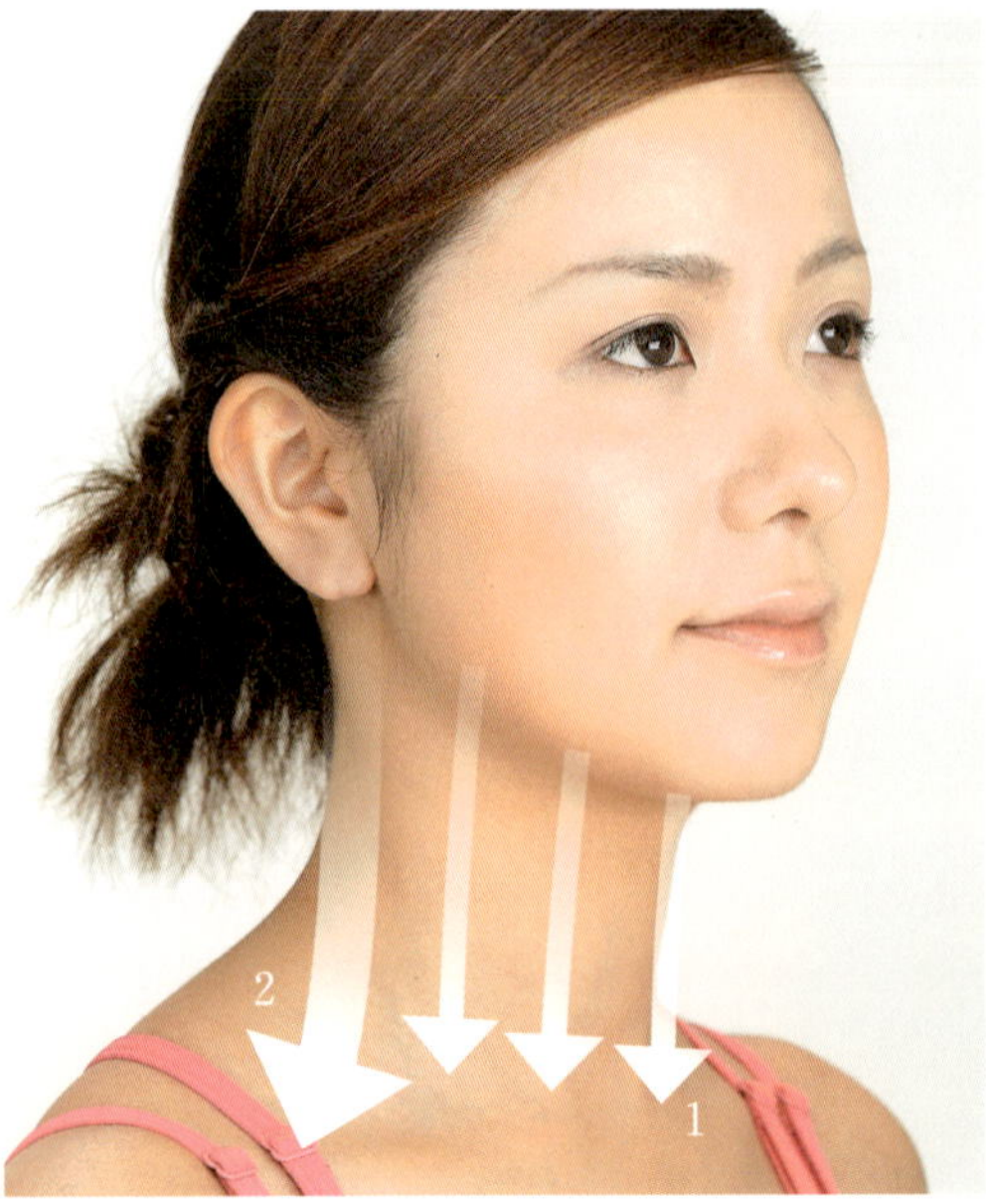

02

腹

1. あごを少し上げ、フェイスラインから
首に向かってなで下ろす。
2. あごを上げたまま、耳の前から
首を通って鎖骨までなで下ろす。

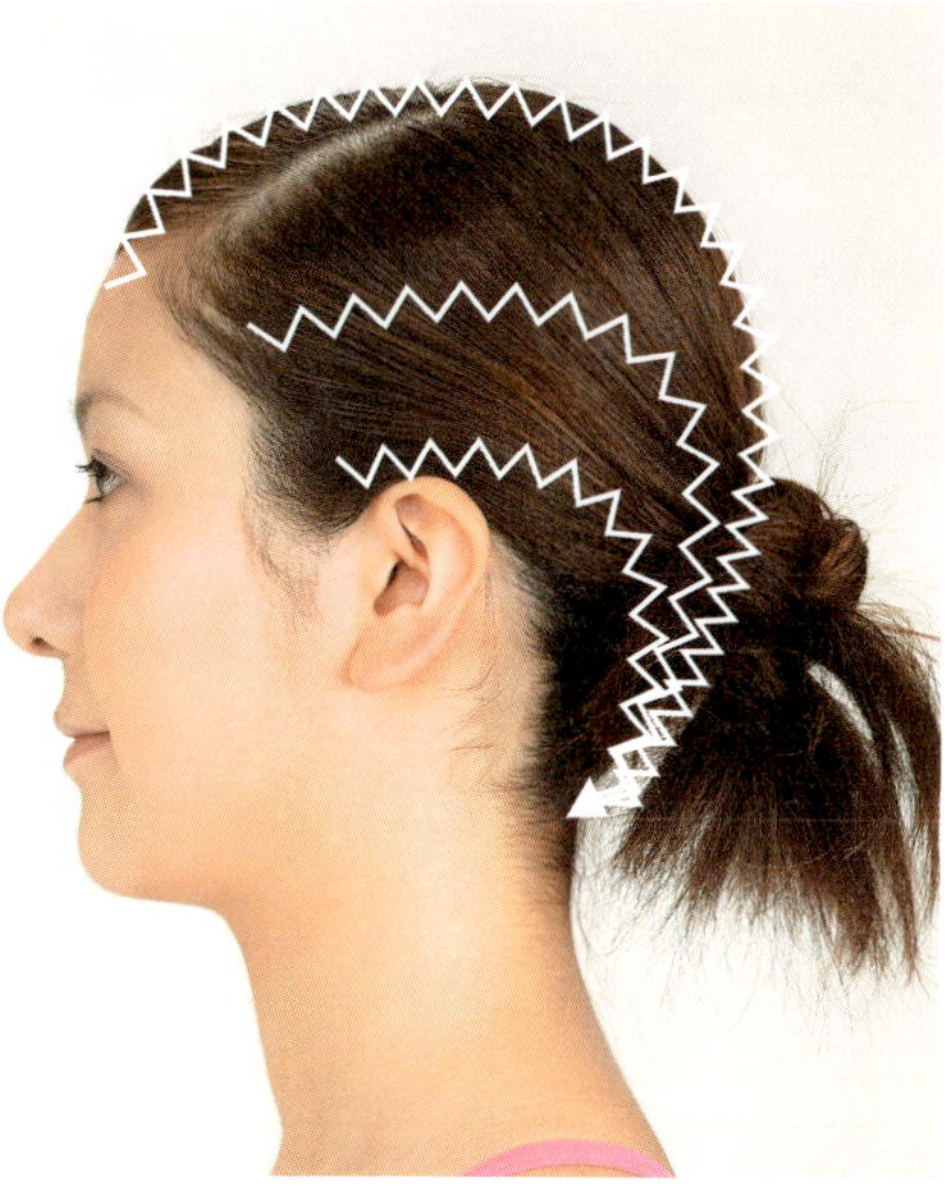

03  大山

生え際、耳の上、こめかみから、
それぞれ襟足に向かってギザギザになでる。

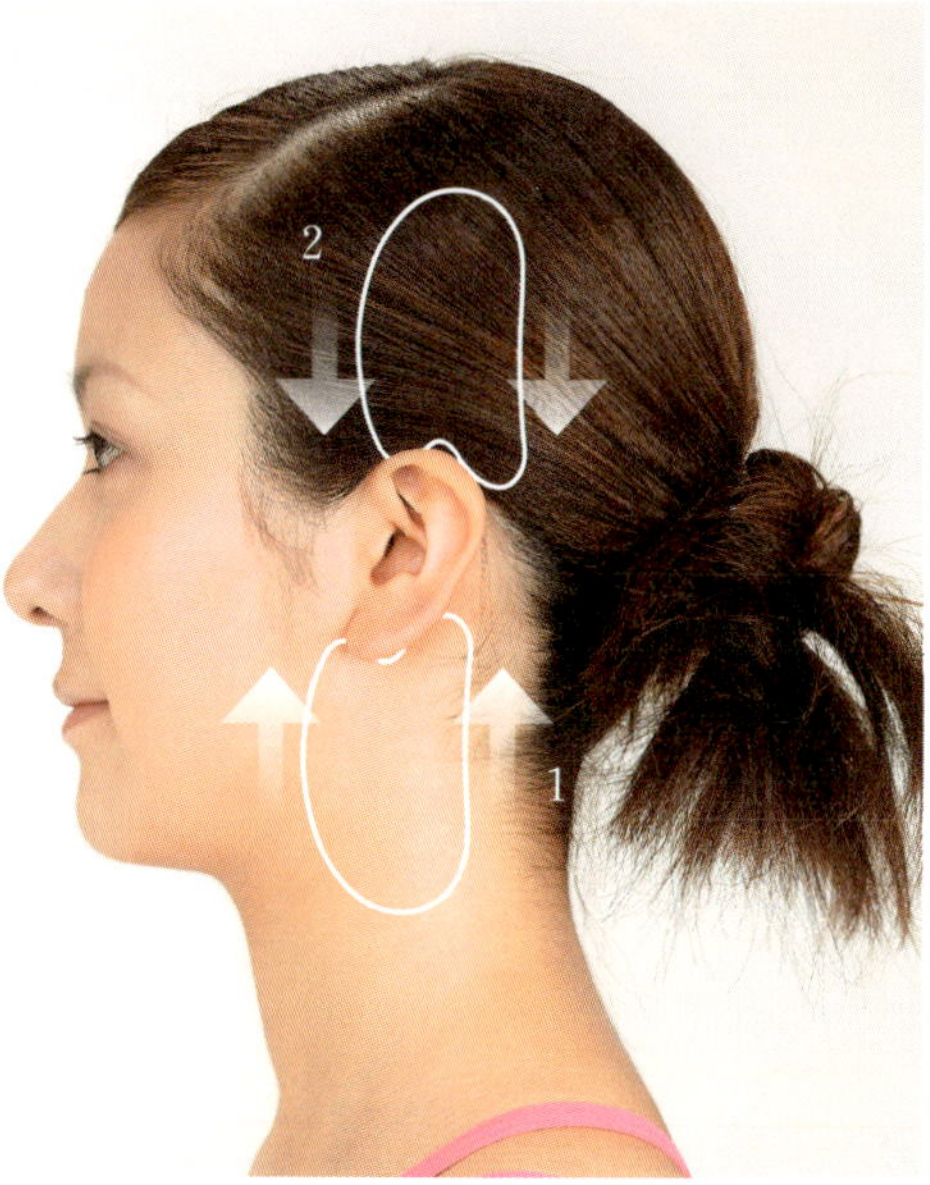

04  谷

1. 耳を下から挟んで上下に動かす。
2. 次に、耳を上から挟んで上下に動かす。

Point!

かっさ板の面を皮膚に押しつけて、皮膚全体を動かすように（詳しくは28ページ「耳ストレッチ」を参考に）。顔の輪郭をすっきりさせます。

◀◀◀ 二重あごにはこのツボ!

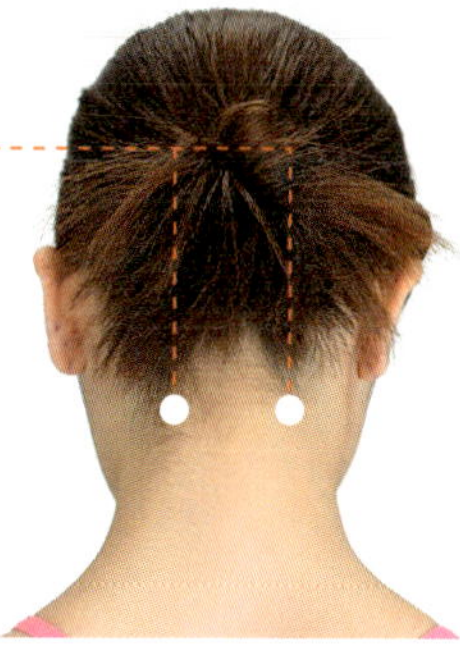

風池（ふうち）

首筋のやや外側、生え際あたりのくぼみ

大山で押しつけた状態で頭を斜め後ろに傾ける。こうすれば力を入れずに効果的にツボを押せます。

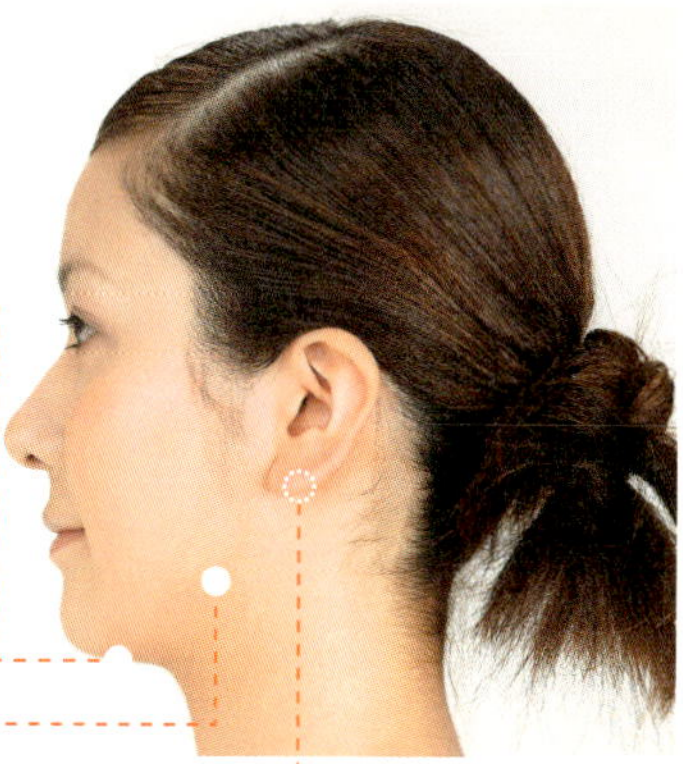

上廉泉（じょうれんせん）

あごの下の少しへこんだところ

大山で押し上げる。

翳風（えいふう）

あごの付け根。耳の下のくぼんだところ

大山で押す。口を開いたり閉じたりすると、あごの関節を調整できる。

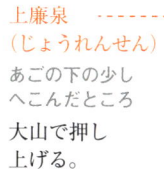

頬車（きょうしゃ）

力を入れて歯をかみ合わせたとき筋肉が盛り上がるところ

大山で垂直に押しながら、口を開いたり閉じたりする。

BODY

ボディ編

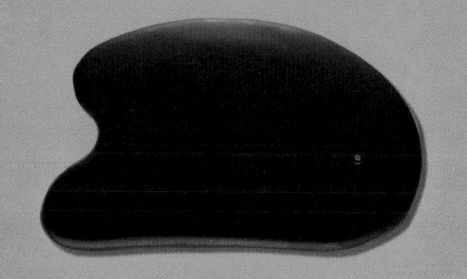

Upper Arm 二の腕

二の腕は他に比べてあまり使わないので
脂肪がつきやすく、たるみやすい部位です。
かっさで経絡の滞りを解消し、
代謝をアップさせましょう。
肩から手に走っている
6つの経絡の流れを調整します。
二の腕のエクササイズをしている人は、
このかっさケアをした後でエクササイズすると、
効果がアップします。

01  おしり

わきの下をぐるぐるなでる。
全体を広範囲に。

Point!

わきの下には腕のほうに行く大切な経絡が集まっています。わきの下をなでることで二の腕へ行く気血の流れを効率的によくし、むくみやセルライトを作らない体に変えましょう。肩こり・首こりにも効果あり。

02  腹

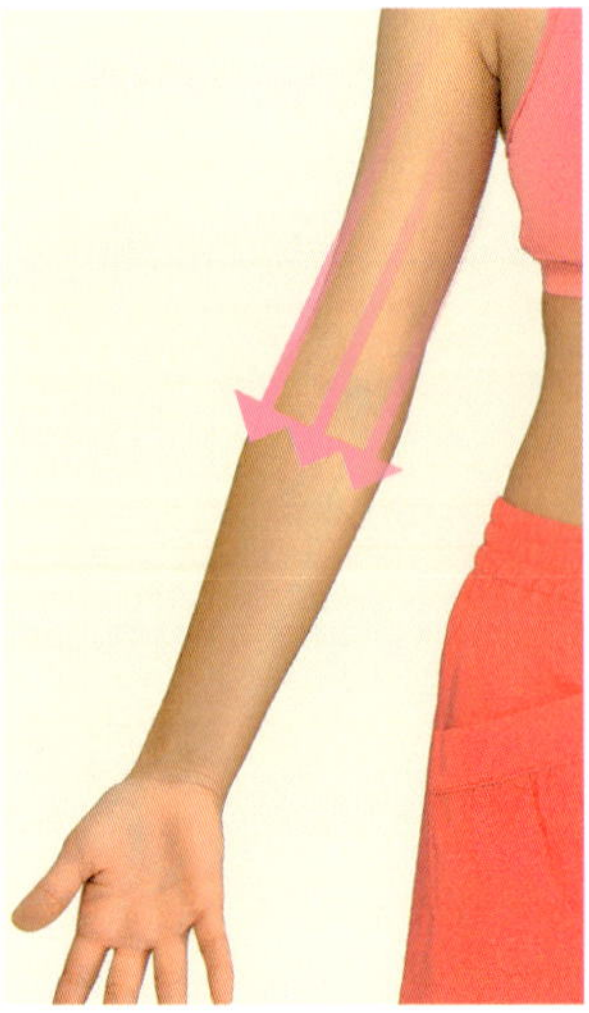

1. 腕の内側をなでる。
3ラインに分けて肩から
ひじの下まで。

Point!

ひじの付近には要のツボがあり、それぞれの経絡を働かせてくれます。セルライトが気になる人は、かっさ板でクルクルと円を描きながら、セルライトを溶かしていくイメージでなでるとGood!

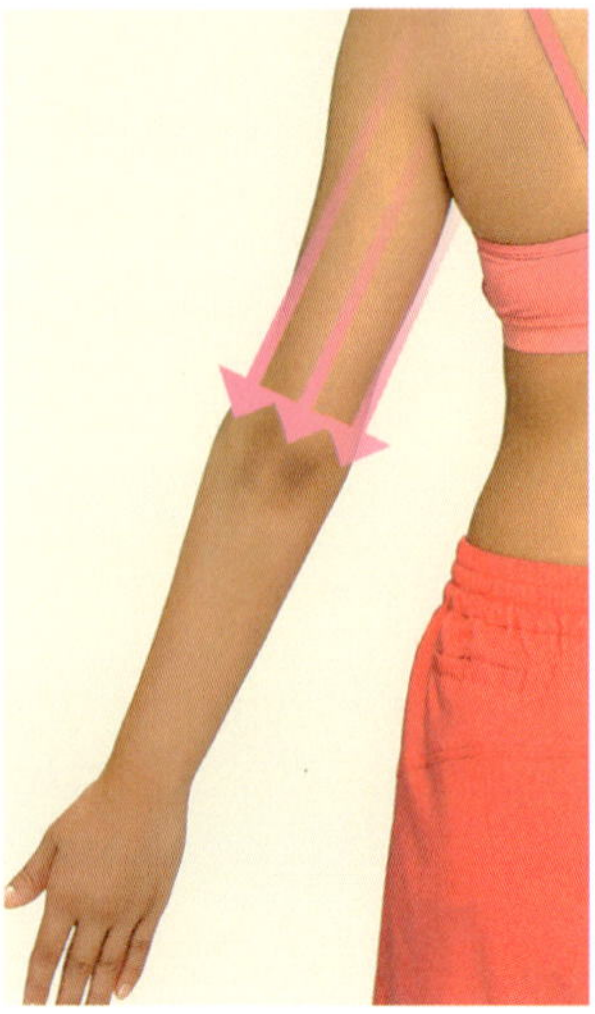

2. 腕の外側をなでる。
3ラインに分けて肩から
ひじの下まで。

二の腕にはこのツボ！

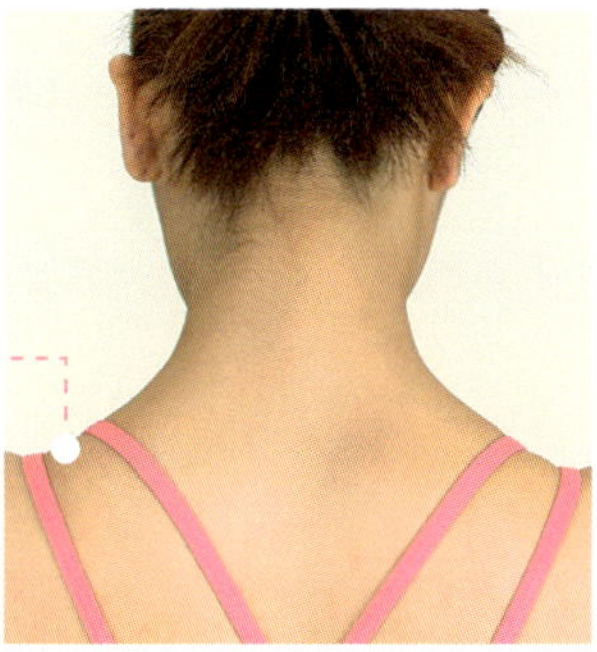

肩井（けんせい）

首の根元（頭を前に倒したときにグリっと大きな骨が出るところ）と肩の先の骨の真ん中

大山またはおしりを使って垂直に押す。

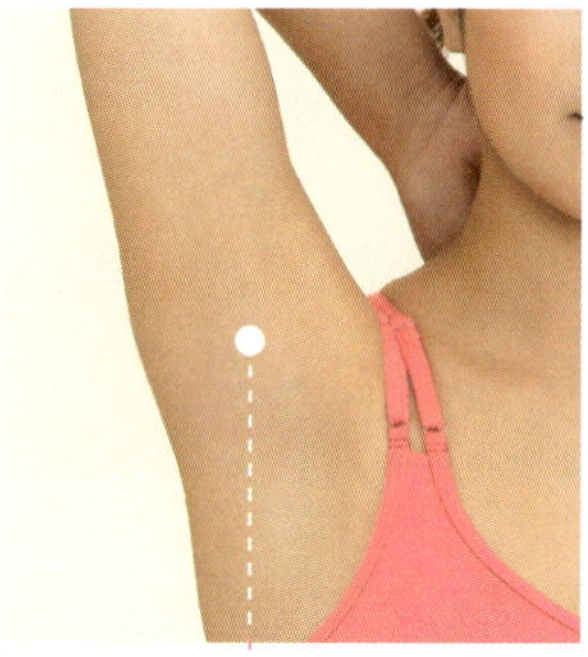

極泉（きょくせん）

わきの下の中央のくぼみ

おしりで押し込み、圧を加えたままグルグル。

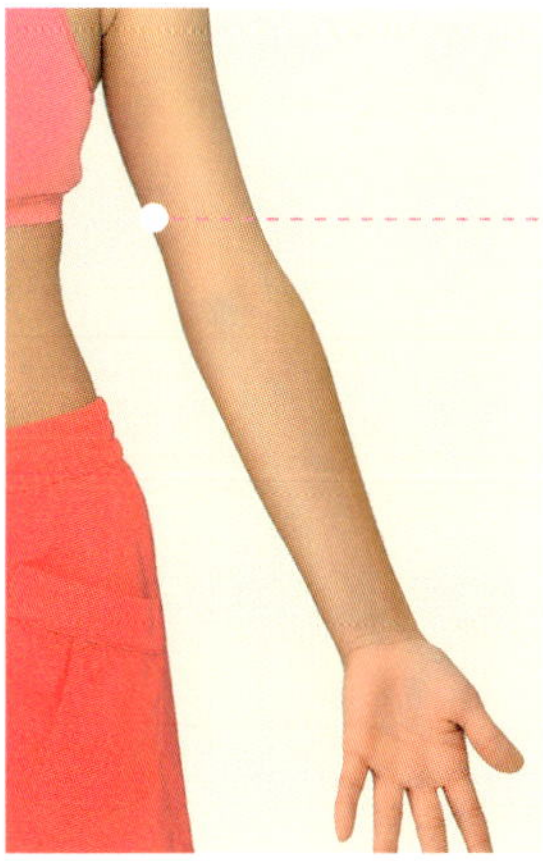

青霊（せいれい）

上腕の内側、わきの下とひじを結んだ線のひじから3分の1のところ

おしりで垂直に押す。

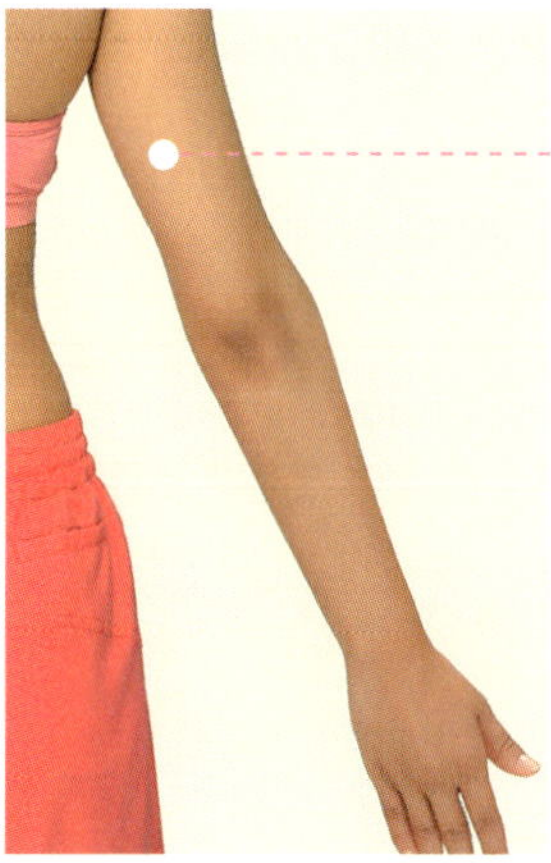

消濼（しょうれき）

上腕の外側、肩とひじの真ん中。押すとびりっとするところ

おしりで垂直に押す。

Special Care

二の腕すっきりストレッチ

1. 両手を頭の上に上げ、左右の指先を引っかけあう（どちらかの手を上向きにする）。
2. 腕全体に力を入れて、左右に引っ張る。

Point!

上腕二頭筋と上腕三頭筋のストレッチです。しっかり握るよりも、指先のみを引っかけたほうが、より力が加わって二の腕に効果的。綺麗に引き締まった二の腕をイメージしながら行うと、さらに効果を発揮します。

Breast

バストアップ

成人のバストの重さは、
片側だけで180~330グラム
(牛乳ビン1~2本)とも
いわれています。
せっかく集まったバストを
垂れさせないためにも、
かっさケアに加えて
簡単なストレッチと
ツボ押しもセットで行うことを
おすすめします。

01 腹

やや強めの力で、まわりの肉を胸に集める。

1. 二の腕の肉を胸に。
2. 背中の肉を胸に。
3. 脇腹の肉を胸に。
4. 胃のあたりの肉を胸に。

Point!
背中の肉を集めるときは、ちょっと前かがみになるとよい。

バストアップにはこのツボ！

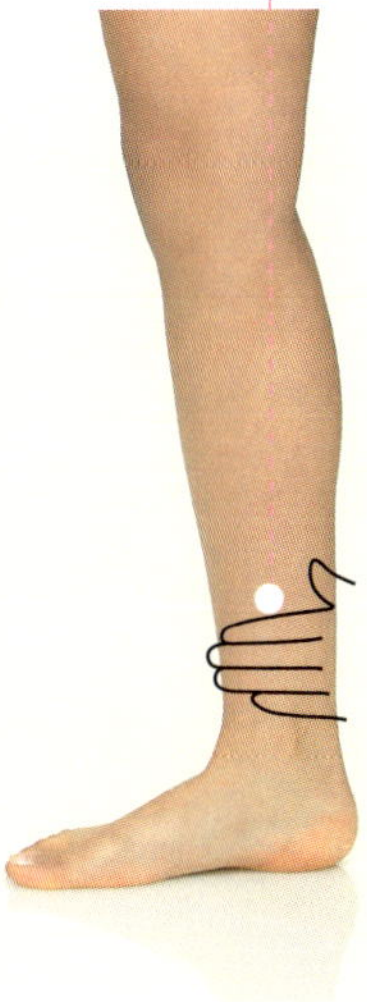

三陰交（さんいんこう）
内くるぶしの最高部から
指４本分上のところ
大山で垂直に押す。

天渓（てんけい）
バストのわき、バストトップ
と同じ位置のところ
大山で垂直に押し、
胸を引き寄せる。

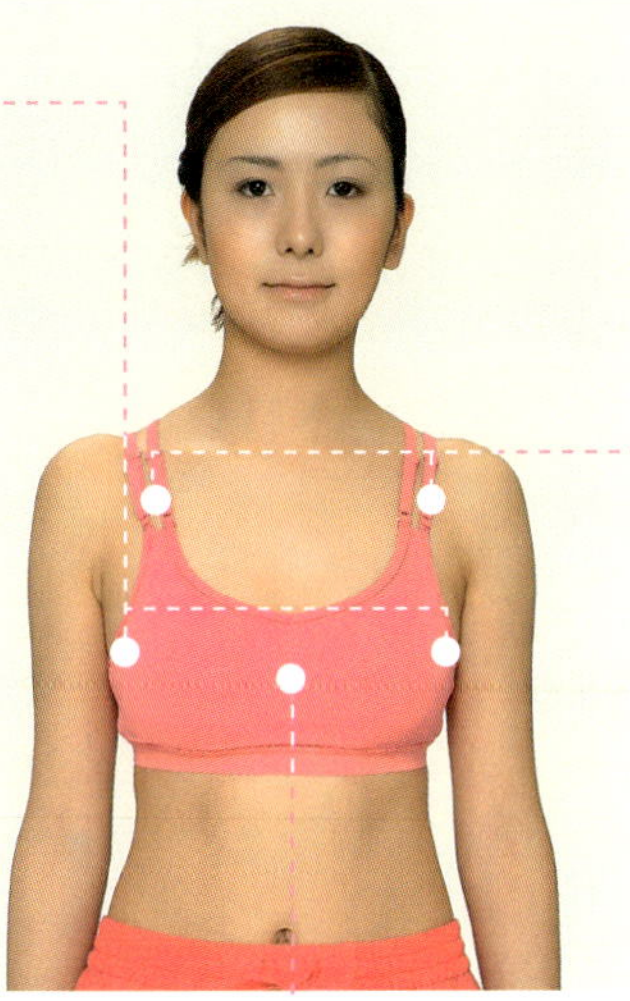

膻中（だんちゅう）
胸の真ん中、左右のバスト
トップを結ぶラインの中心
かっさのおしりで押さえる。
力を入れたり
押さえたりしないこと。

中府（ちゅうふ）
腕の付け根、
鎖骨の下のくぼみ
おしりで垂直に押す。

Special Care

バストアップストレッチ――
どこでもできる合掌のポーズ

1. 足を肩幅に開き、胸の前で両手のひらを
合わせて合掌のポーズをとる。
このとき、腕が床に対して水平になるように。
2. 背中をピンと張って、息をゆっくり吐きながら
20秒くらい両手を押しあう。
3. 両手は押しあったまま、ゆっくり息を吐きながら
上半身をひねって後方を見る。
下半身は正面に向けたまま動かさない。
4. 反対側も同様にひねる。
5. 両手は押しあったまま、腕を上下に動かす。

Point!
バストアップには欠かせないのが、バストを支える筋肉。いくらお肉を集めても、それを支える土台がなければ垂れてしまいます。かっさケア＋ツボ押し＋ストレッチで、形のよい張りのあるバストをキープしましょう。

Stomach

ぽっこりおなか

最初に太って最後にやせるのが、おなか。
食べすぎや基礎代謝の低下、腹筋の衰えによって、
皮下脂肪や内臓脂肪がおなかにたまり、
さらに内臓下垂や便秘などで、ぽっこり。
もともとおなかには骨のような
防護してくれるものがないうえ、
女性は子宮などの大切な臓器を守るため、
おなかに脂肪がつきやすく、
スリムになりたい女性を大いに悩ませます。

オリジナルおなかやせケア

かっさケアと腹式呼吸を組み合わせた、最強のおなかやせケアを紹介しましょう。代謝アップと筋肉アップが同時にできる、よくばりケアです。

かっさ板でなでることで腹部の血流をよくし、腸などの内臓に働きかけます。これだけでも効果を期待できますが、もっとスリムボディを目指すため腹式呼吸をプラスして、おなかのインナーマッスルを同時に鍛えましょう。

ポイントは、息を吐くときになでて、吐き切ったら、おなかがこれ以上へこまないという状態をキープすること。これで筋肉が鍛えられます。

腹式呼吸は体内に酸素をたくさん送り、全身の循環をよくして冷えを改善します。腹筋を鍛え、酸素を多く取り込むことで脂肪が燃焼しやすくなり、脳内にも酸素をたくさん送ることでリフレッシュ効果も期待できます。

01 腹

1. 大きく息を吸って、おなかを思いきりふくらませる。
2. 限界まで吸ったら息を吐きながら、
おなかを上から下へなでる。
ウエストを意識し、脇腹までなでる。
3. おなかと背中がくっつくくらいまでへこませて
８秒キープ。腹筋を意識しながら！

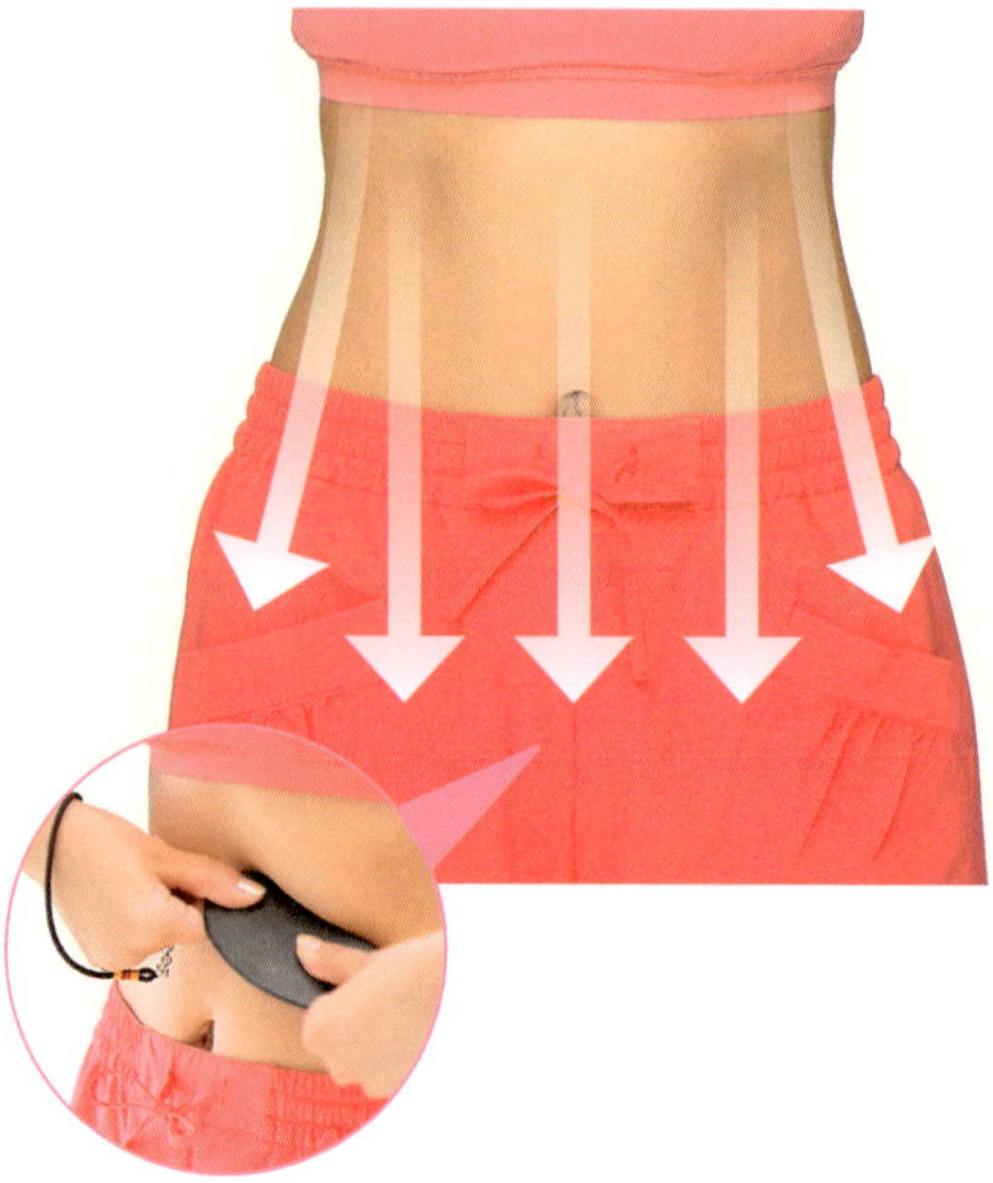

02 腹

1. 息を吸って、おなかを思いきりふくらませる。
2. 息を吐きながら下腹部を集中的になでる。脇腹も！

Point!

おへそより下は脂肪が多く、血行も悪くなりやすい部位です。生命力の源といわれる「丹田（たんでん）」が温まっているかどうか、いつも気にかけてチェックしましょう。

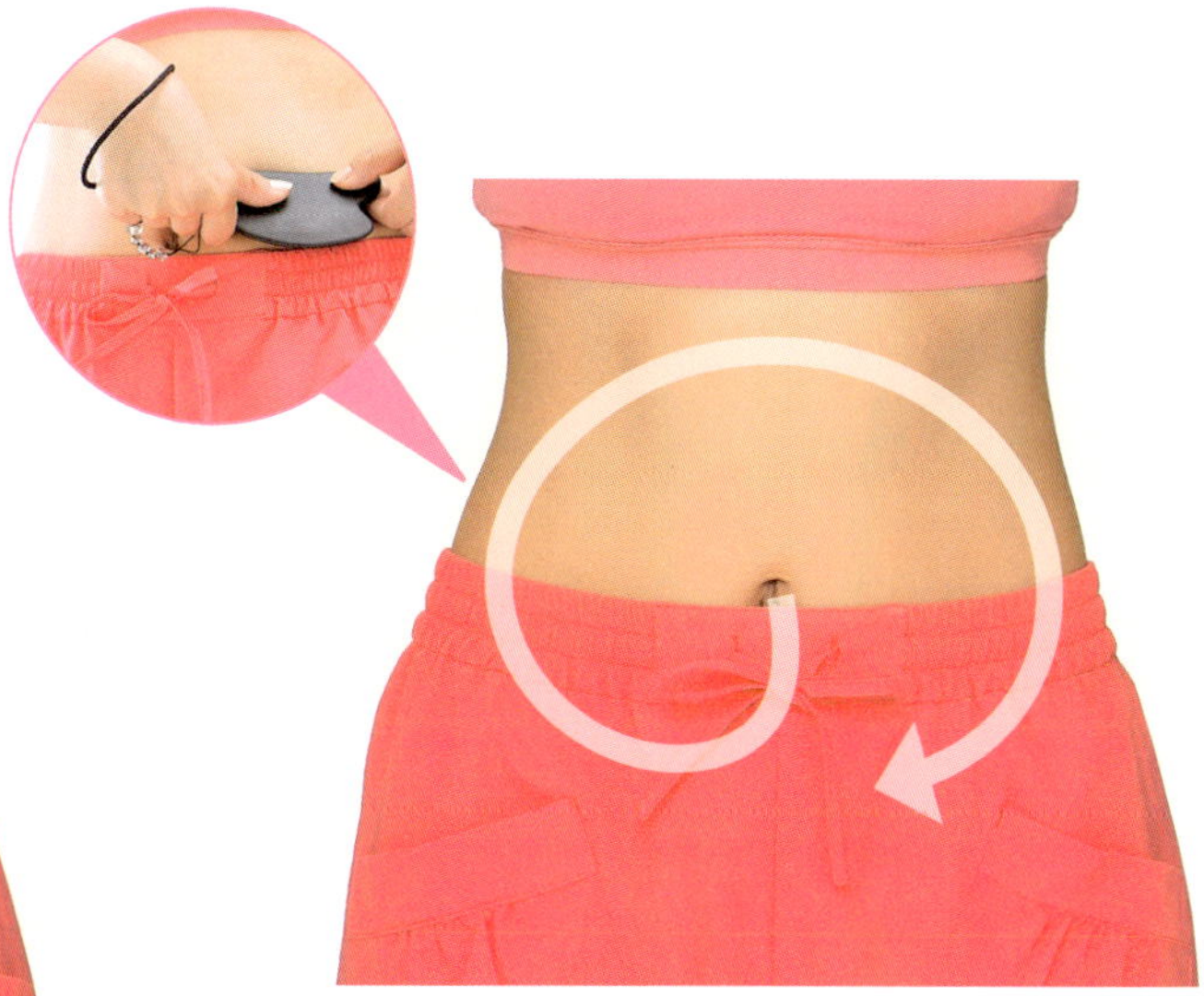

03 腹

1. 息を吸って、おなかを思いきりふくらませる。
2. 息を吐きながら、おへそを中心に「の」を書くようになでる。

Point!

腸の働きをよくし、便秘の解消に効果的。

04 腹

1. 息を吸って、おなかを思いきりふくらませる。
2. 息を吐きながら、脚の付け根を外側から内側へなでる。

Point!

脚の付け根には大きな血管・リンパ節があり、全身の代謝をよくするのに大切なポイントです。

ぽっこりおなかにはこのツボ！ ▸▸▸

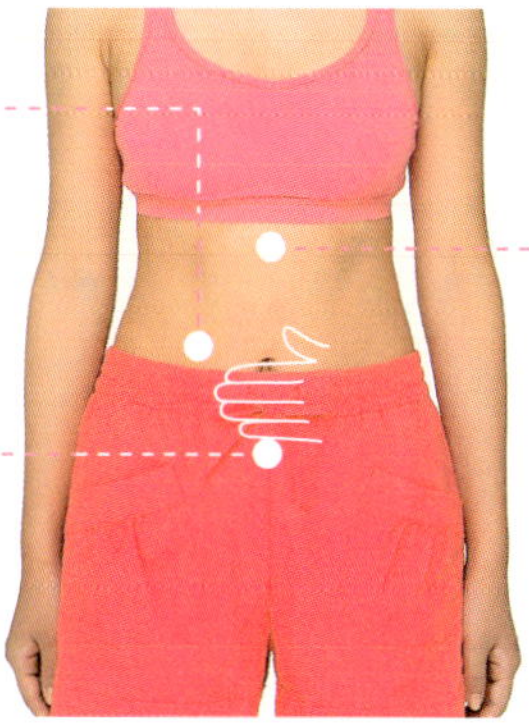

天枢（てんすう）

おへそから指3本分外側のところ

大山で垂直に押し込みながらグルグル回す。

中脘（ちゅうかん）

おへそから指6本分上のところ

大山で垂直に押し込みながらグルグル回す。

関元（かんげん）

おへそから指4本分下のところ

おしりで垂直に押し込みながらグルグル回す。

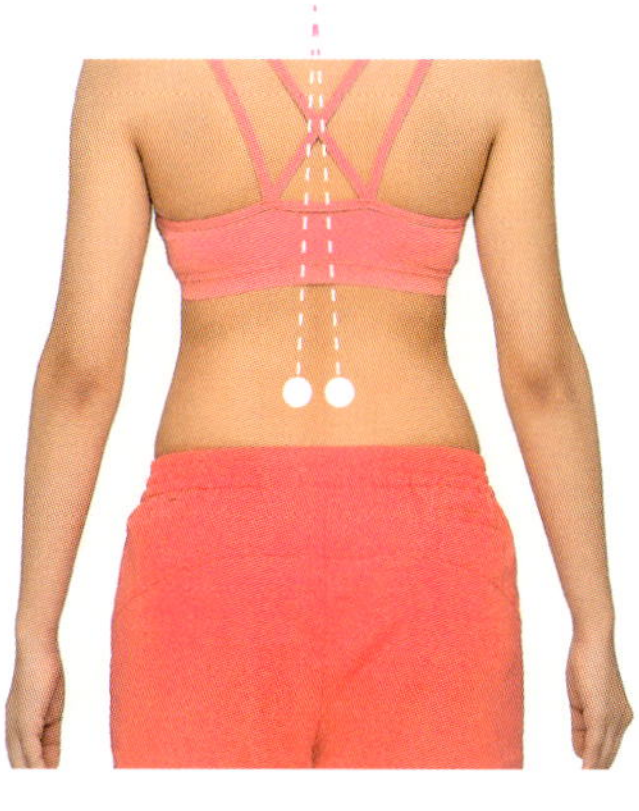

腎兪（じんゆ）

おへその真後ろの背骨から指1.5本分外側のところ

大山を当て、体を後ろに倒して自分の体重で押し込む。

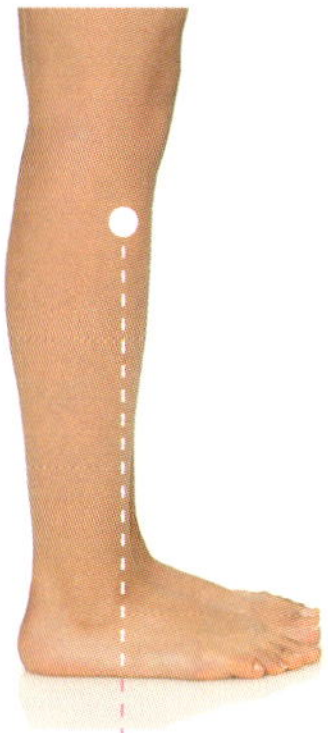

足三里（あしさんり）

ひざのお皿の外側下のくぼみから指4本分下のところ。向こうずねの外側

大山で垂直に押し込む。

Waist

ウエストシェイプ

ウエストが太くなる原因は
さまざまです。
骨盤の開きやゆがみで
代謝が低下すると、
脂肪がついて太くなります。
運動不足による筋力低下や食べすぎ、
ストレスなどではリンパの
流れが悪くなります。
さらに、ホルモンバランスの崩れ、偏食、
デスクワークや立ち仕事などで
血行が悪くなると、
むくんでウエストが太くなります。
いずれにしても代謝の
低下が主な原因といえます。

01 腹

ウエストの後ろのほうから、
おへそまでなでる。

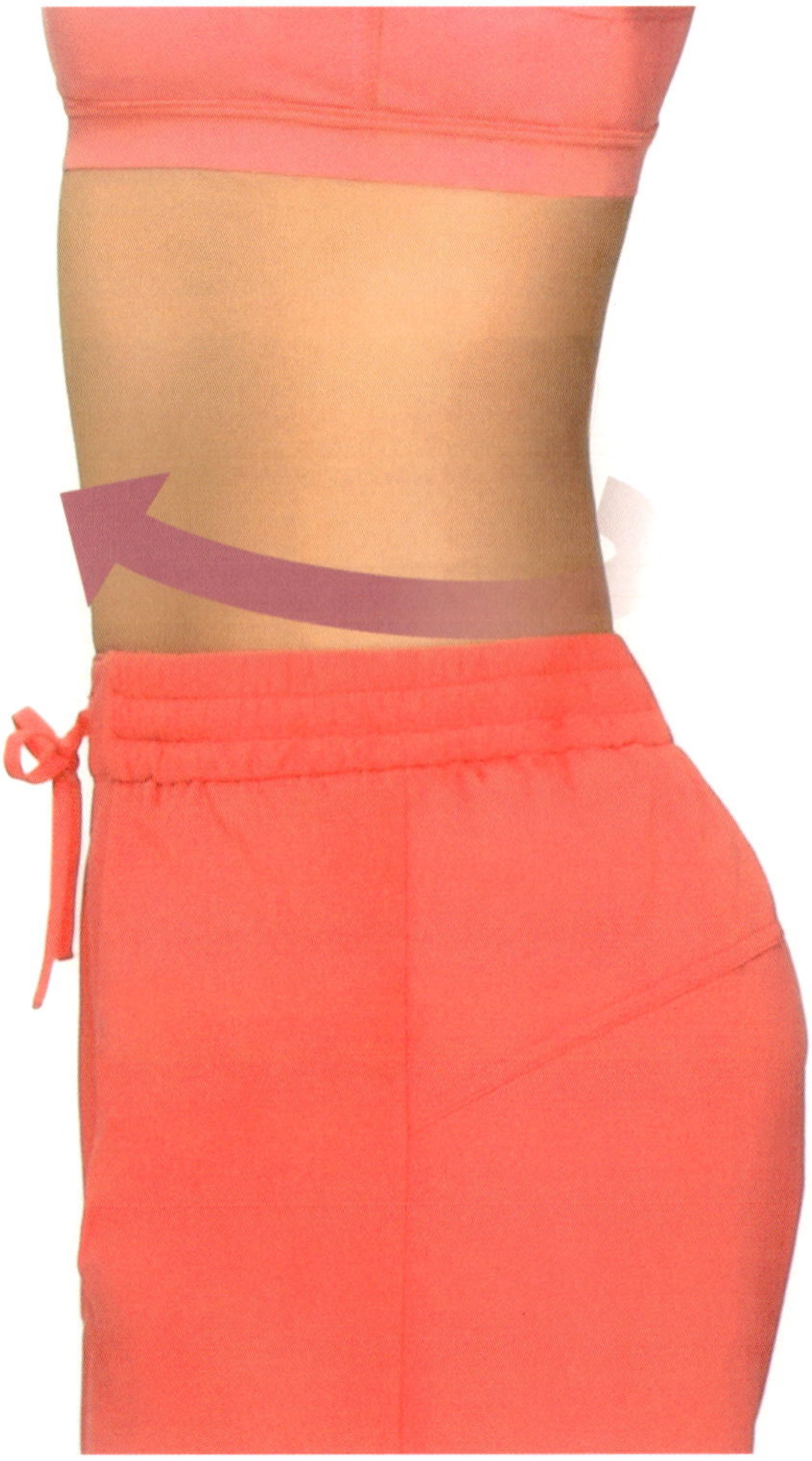

Point!

ウエストをひねって、
できるだけ後ろのほう
からなでましょう。か
っさ板は両手で持って、
片側ずつしっかりと。

02 腹

かっさ板を両手で持ち、
足を肩幅に開いて体を傾けながら、
太ももの外側から脇の下までなでる。
ストレッチするようにして、息を吐きながら。

ウエストシェイプには
このツボ！ ▸▸▸

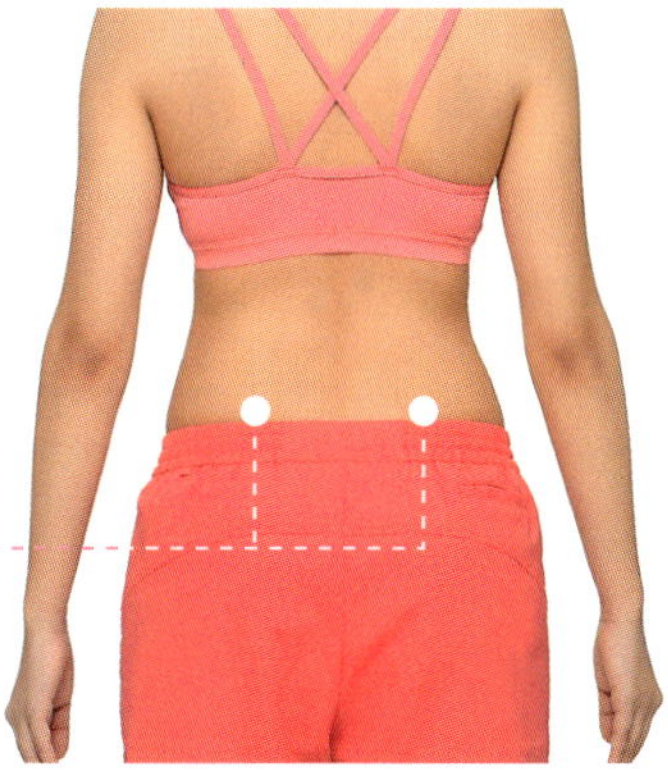

志室（ししつ）

帯脈の後方、腰椎に向かって
やや強く押すと腰の奥や
おなかに響くところ

大山で押しながら
体を後ろにひねる。
真後ろを見るように。
ストレッチとのW効果。

帯脈（たいみゃく）

ウエストの、おへその中央を通る
水平ライン上

おしりを当てて体を横に倒し、
自分の体重で押し込む。

Column

骨盤の“ゆがみ”に要注意

骨盤が開いていると、“デカ尻”や“ずん胴”になってしまう危険性大。
また、骨盤が傾いていると、ウエストの左右のくびれが
アンバランスになり、ヒップラインも崩れてしまいます。

骨盤のゆがみにつながるのが、日々の姿勢。
脚を同じ側ばかり組んで座っていたり、横座り、正座、
あぐらなどの姿勢で長時間いると、骨格のバランスが崩れます。
普段からバランスに注意して、正しい姿勢を心がけましょう。

Hip ヒップアップ

現代人はお尻の筋肉を使わなくなっています。
筋肉はどんどん減少し、お尻の脂肪を
支えられなくなり、たれ尻の原因となります。
また、お尻の筋肉と脂肪を結びつける結合組織は、
加齢とともに減少し、もろくなります。
それによって筋肉と脂肪がずれやすくなり、
その結果、お尻がたれてしまうことに。
お尻の筋肉に刺激を与えて、
キュッと上がったヒップを目指しましょう。

01  面

お尻の真ん中にある骨(仙骨)の上を
上下になでる。
かっさ板は両手で持ち、面全体を使って。

Point!

血管・神経・リンパの流れをよくするのに重要な部位。東洋医学では婦人科疾患全般に効果的とされています。

02  腹

太ももの付け根のくぼみ
(そけい部)を
外側から内側に向けてなでる。

Point!

脚に向かう経絡の多くはそけい部を通ります。ここをなでることで、さまざまな経絡に効率よく働きかけることができます。西洋医学でも、大きな血管やリンパ節があるため活用度の高い部位です。

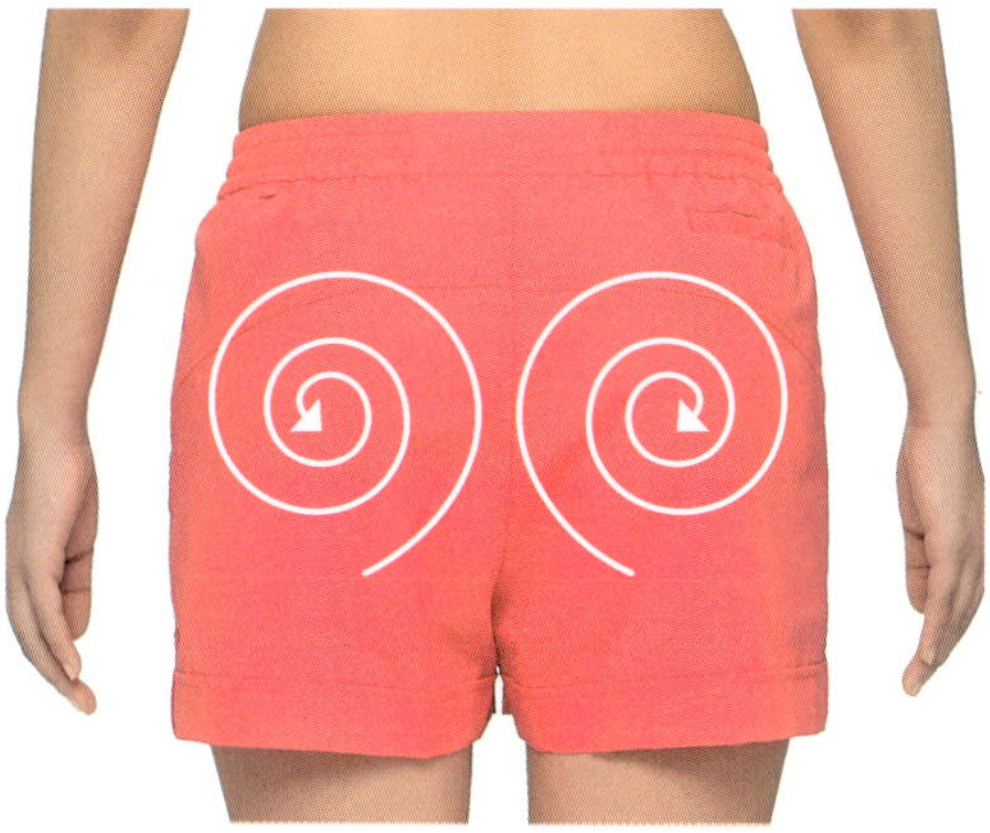

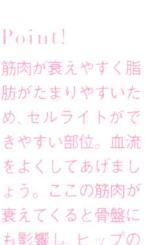

03　大山

大きな円を描くように、お尻をクルクルとなでる。

Point!

お尻をさわって冷たいと感じる人は血流が悪い証拠。念入りに。余分な水分、脂肪がたまりやすくなっているので温めたかっさ板を使ったり、お風呂で温まりながらなでると効果アップ！

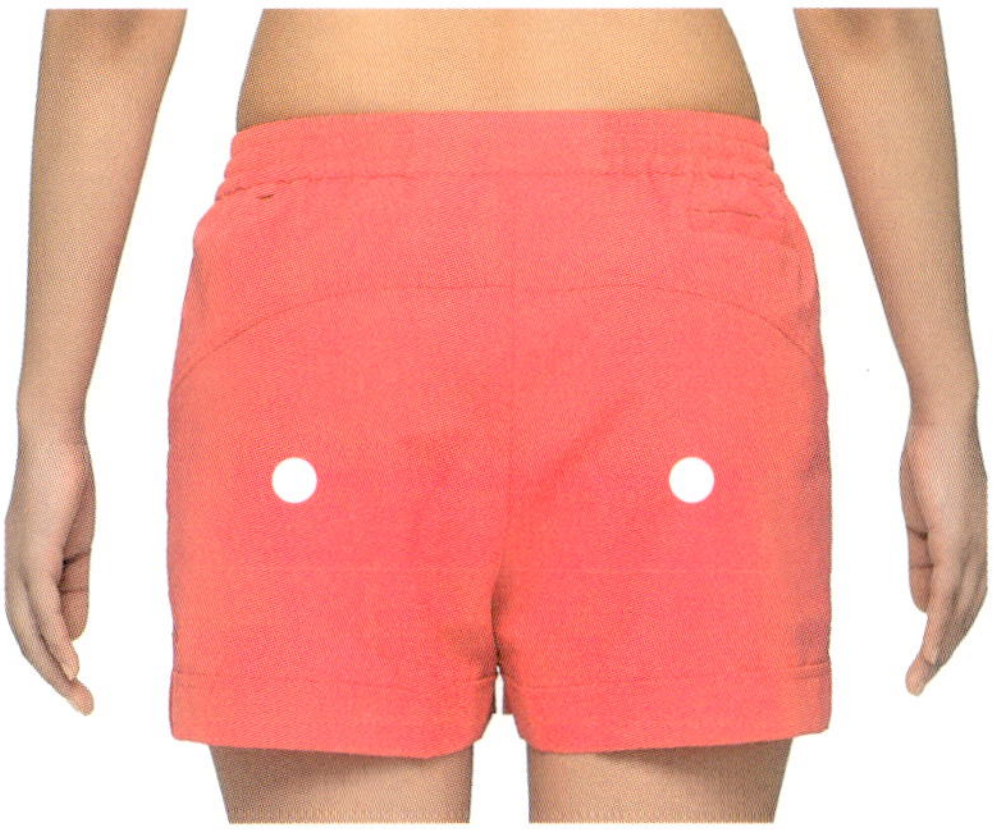

04　大山

お尻の真ん中あたり、へこんでいるところを押しまわす。

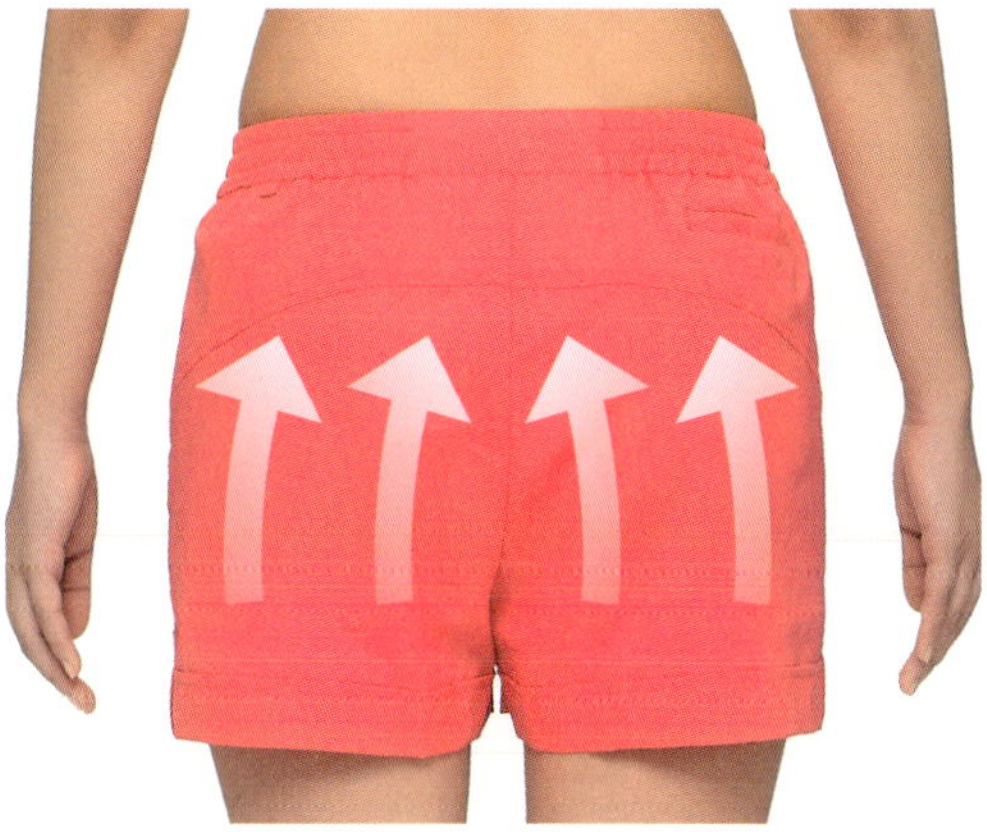

05　腹

体を少し前に倒しながら、お尻を下から上になで上げる。お尻を持ち上げるように。

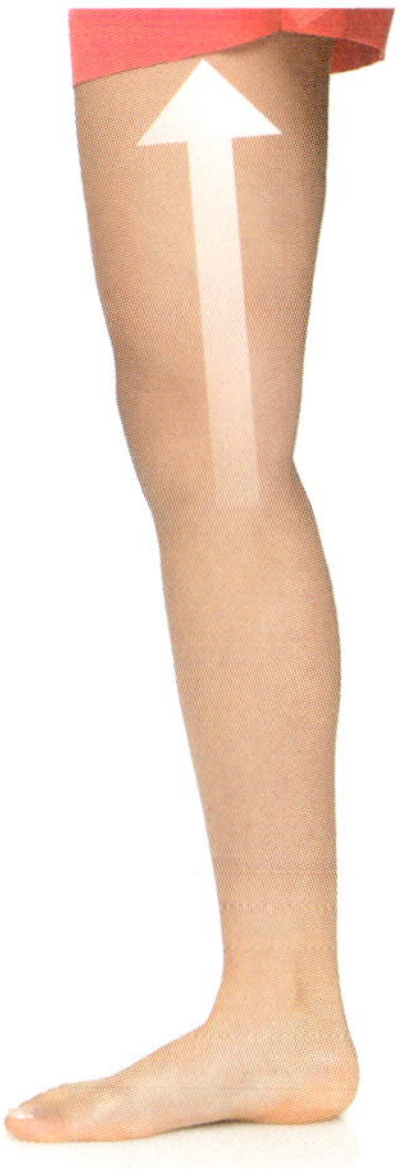

06　腹

太ももの内側を下から上へなで上げる。

Point!

筋肉が衰えやすく脂肪がたまりやすいため、セルライトができやすい部位。血流をよくしてあげましょう。ここの筋肉が衰えてくると骨盤にも影響し、ヒップのたるみにつながります。

ヒップアップには このツボ！ ▶▶▶

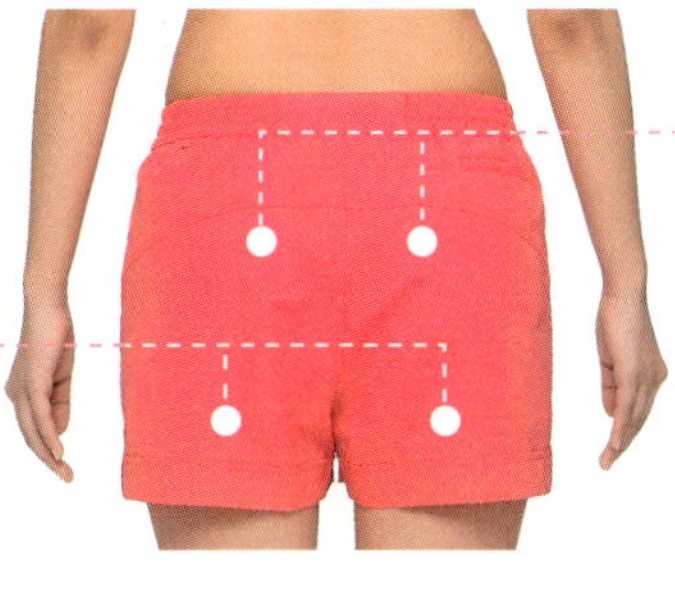

胞肓（ほうこう）
仙骨の上から2番目のくぼみから指3本分ほど外側のところ
おしりで強めに押し込み、グルグル回す。

承扶（しょうふ）
お尻の下、ちょうど横じわの中央
おしりで垂直に押し込み、ヒップを上げるように押し上げる。

Leg

脚のむくみ

脚は特に心臓から遠いこともあり、血液やリンパ液の循環が滞りやすい部位です。立ち仕事やデスクワークで同じ姿勢が長時間続いたり、運動不足、水分・塩分の摂りすぎでもむくみが出やすくなります。※脚全体が気になる人はこのケアを、太もも、ふくらはぎ、足首など各部位が気になる人は、68ページ以降の部位別のケアを行いましょう。

01 腹

太ももの付け根のくぼみ（そけい部）を外側から内側に向けてなでる。

Point!

脚に行く経絡の多くが集中している部位。血管やリンパ節などもあり、脚全体に及ぼす影響が大きい部位でもあります。デスクワークの多い人や妊娠している人は、この部分の流れが悪くなり、むくみや冷えの原因になります。

02 腹

お尻の真ん中にある骨（仙骨）の上を上下になでる。

Point!

女性ホルモンのバランスをよくし、冷えない体を作ります。水分、老廃物をため込まないようにしましょう。

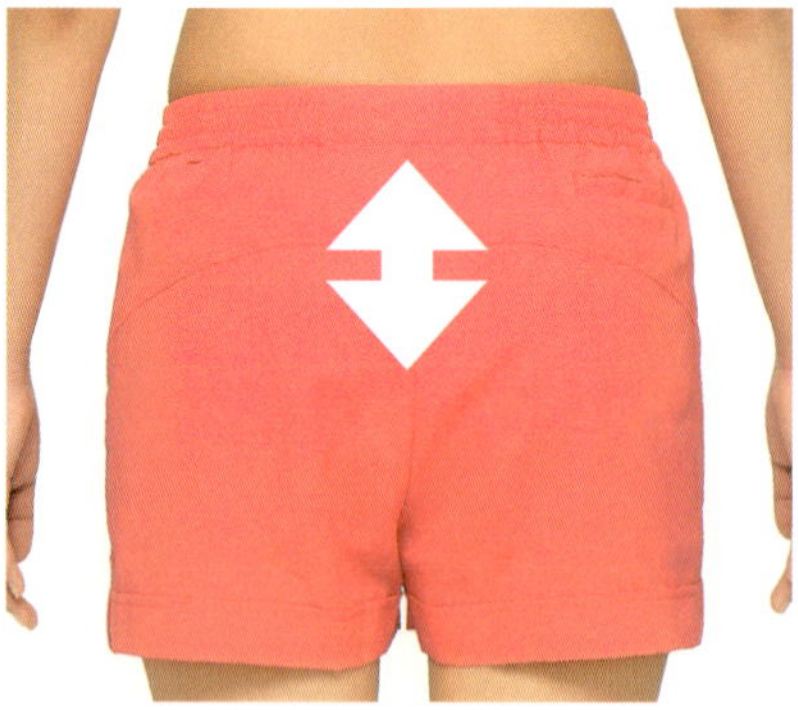

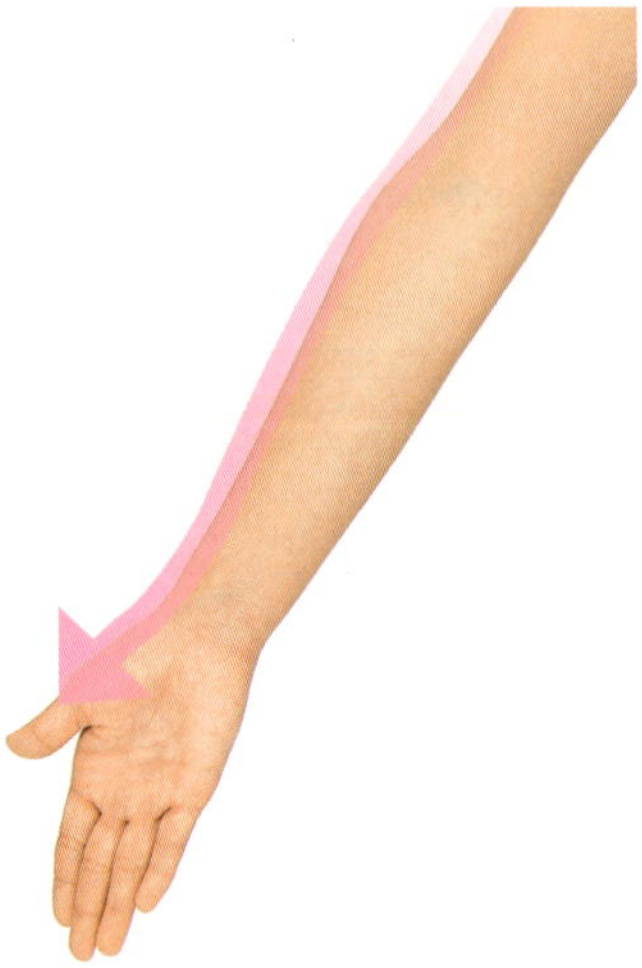

03 腹

内くるぶしとアキレス腱の間からひざの内側に向かって、下から上へなで上げる。

Point!

水分代謝を調整する働きをする「腎経（じんけい）」という経絡の流れをよくし、むくみを解消します。

04 腹

腕の内側の上部を、ひじから親指に向かってなでる。

Point!

ここの経絡は「肺経（はいけい）」といい、全身の水分の循環を調節しています。また、全身に気を巡らせる働きがあるので、体の滞りを解消してくれます。

05 腹

1. つま先を上げ、ふくらはぎを緊張させて４秒キープ。
2. つま先を下ろしたら、
アキレス腱からひざ裏に向かってなで上げる。

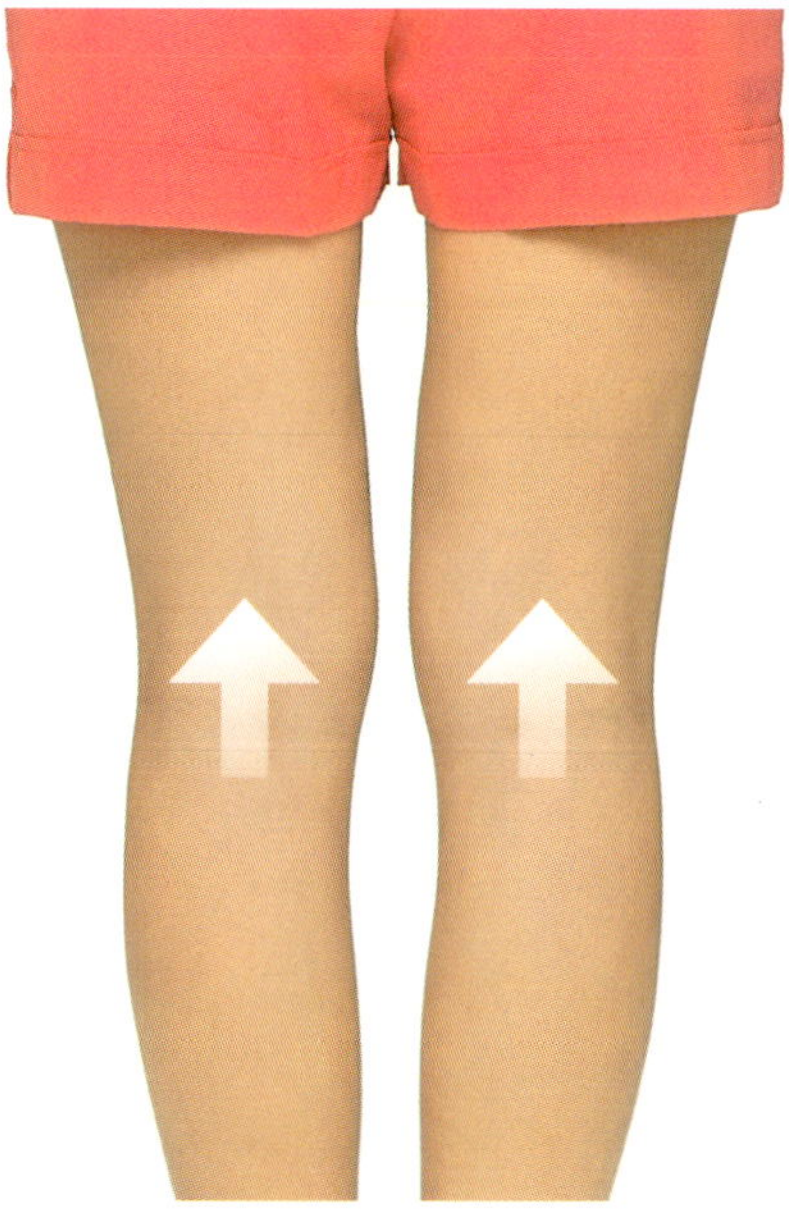

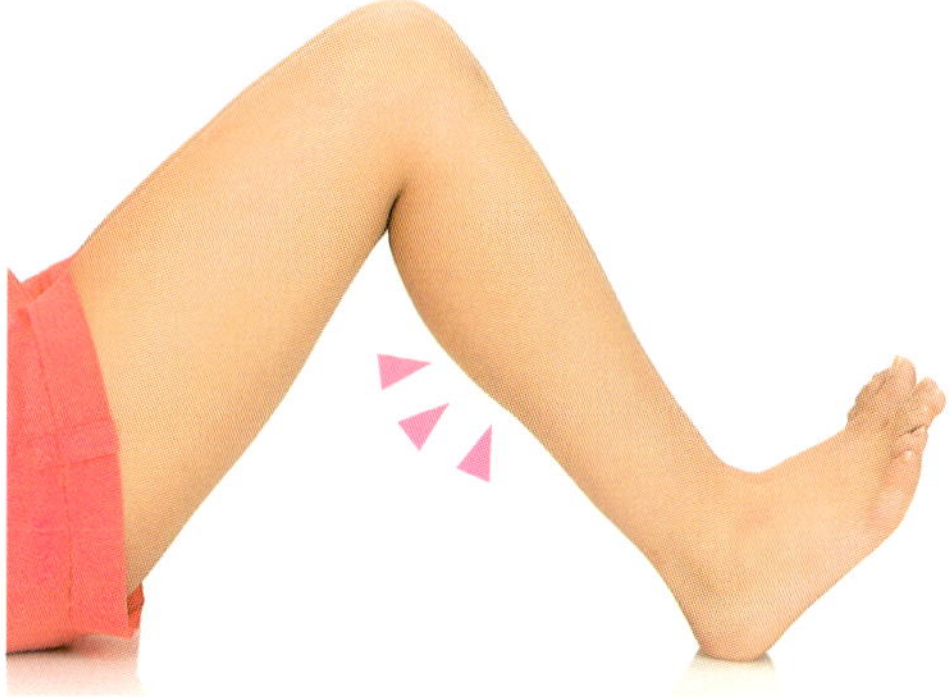

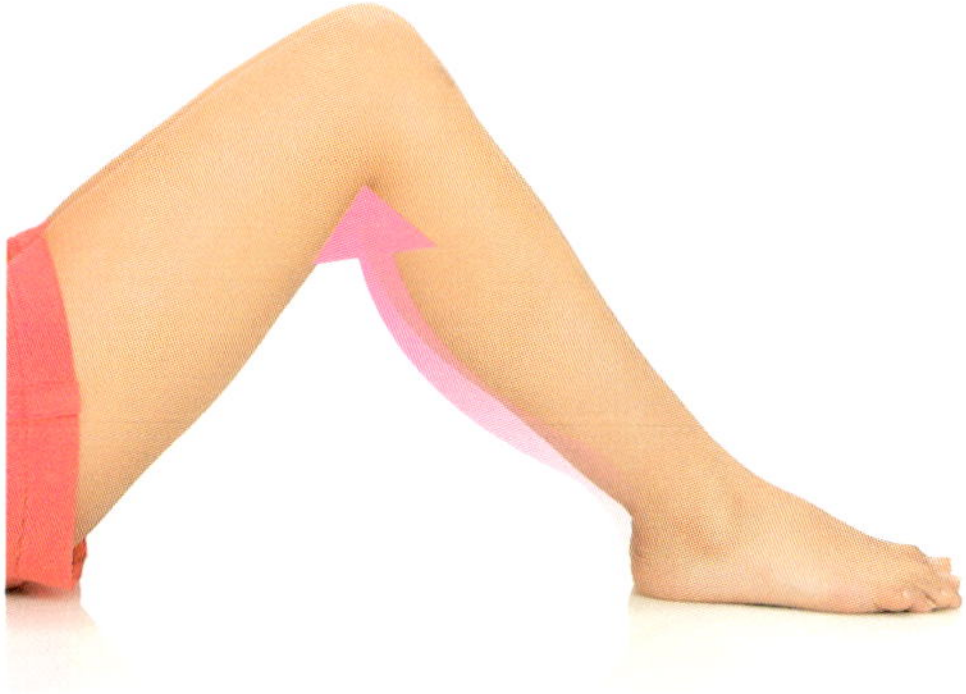

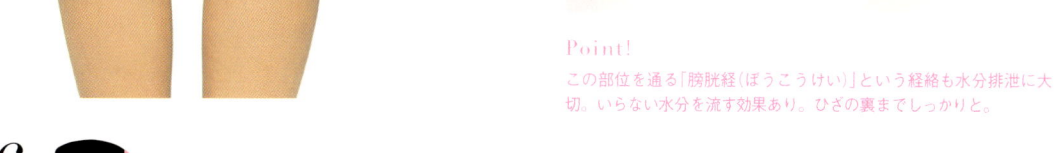

Point!

この部位を通る「膀胱経（ぼうこうけい）」という経絡も水分排泄に大切。いらない水分を流す効果あり。ひざの裏までしっかりと。

06 おしり

ひざの裏を下から上になでる。

Point!

関節のまわりには要穴が多く存在します。また、この部位にはひざから下の血流にかかわる大きな動脈・静脈、リンパも集まっています。

脚のむくみにはこのツボ!

水分（すいぶん）

おへそから上に親指１本分のところ

大山で垂直に押し込み、クルクルする。

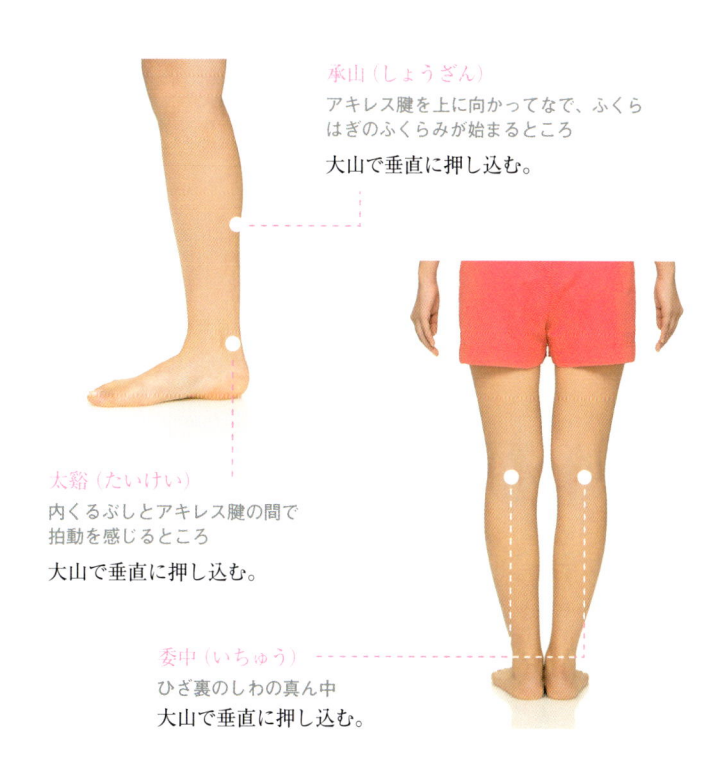

承山（しょうざん）

アキレス腱を上に向かってなで、ふくらはぎのふくらみが始まるところ

大山で垂直に押し込む。

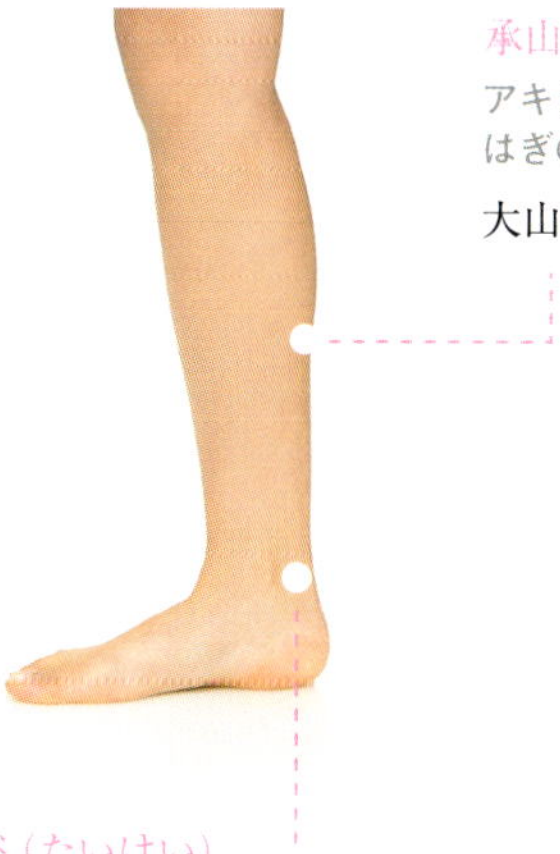

太谿（たいけい）

内くるぶしとアキレス腱の間で拍動を感じるところ

大山で垂直に押し込む。

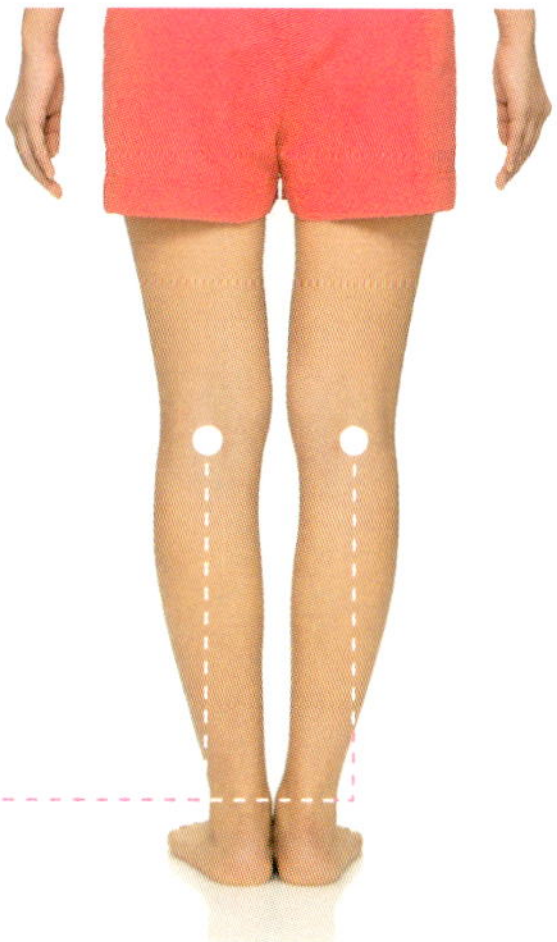

委中（いちゅう）

ひざ裏のしわの真ん中

大山で垂直に押し込む。

Thigh

太もも

太ももの内側は日常生活であまり使われないので、筋肉がつきにくく、脂肪がたまり、たるみます。セルライトができやすい部位でもあります。気血の巡りをよくすることで全身の代謝を上げ、不要な老廃物や水分を回収し、排泄する働きを高めましょう。また、内臓の機能を整え、新陳代謝をアップさせ、脂肪燃焼を促してセルライトを撃退します。なお、下半身太りが気になる人は、むくみが原因なことも。66ページの「脚のむくみ」ケアもぜひお試しください。

01

腹

太ももの付け根のくぼみ
（そけい部）を
外側から内側に向けてなでる。

Point!

そけい部には脚に行く経絡の多くが集中しています。血管やリンパ節などもあり、脚全体に大きく影響する部位でもあります。まずは下半身の代謝を上げることが美脚への大切なステップです。

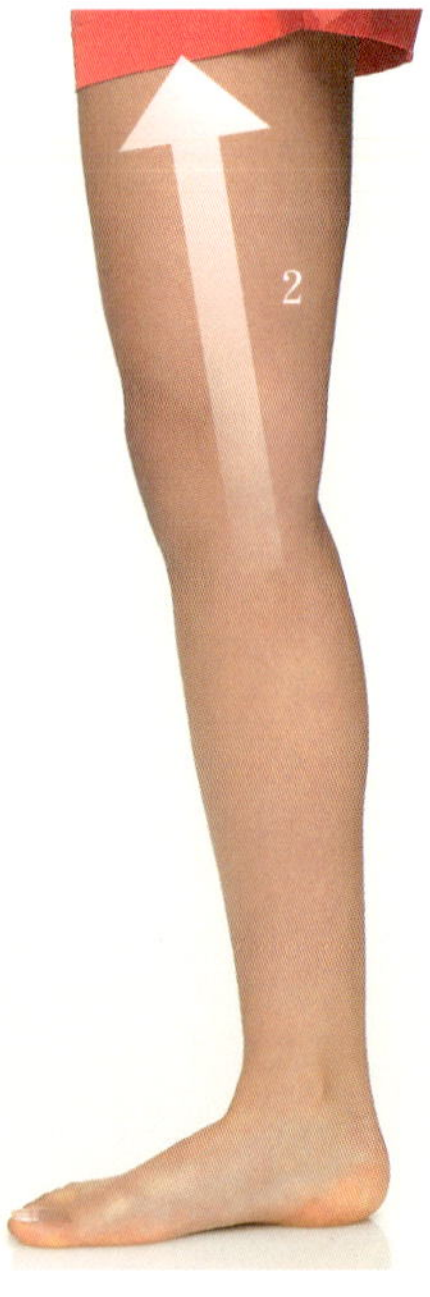

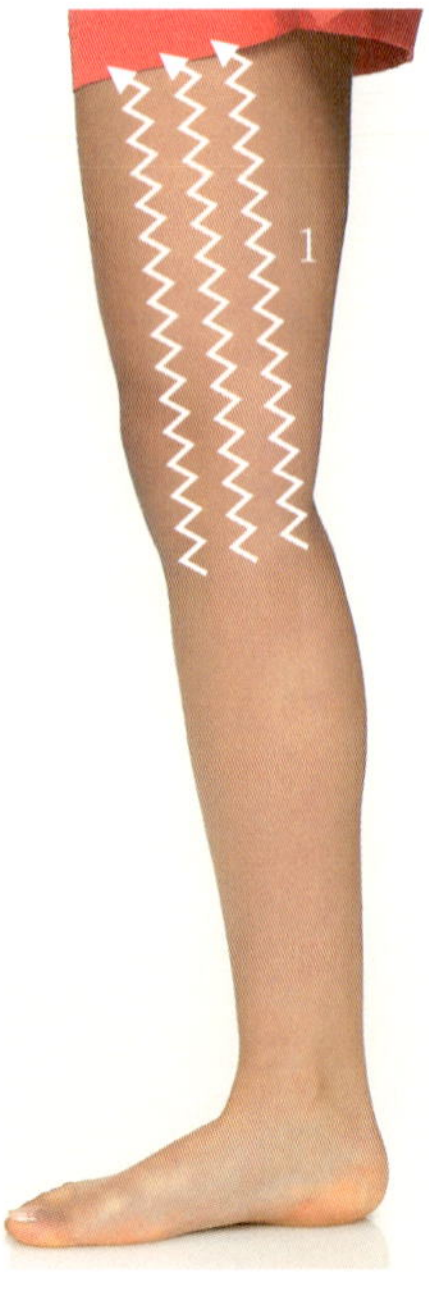

02

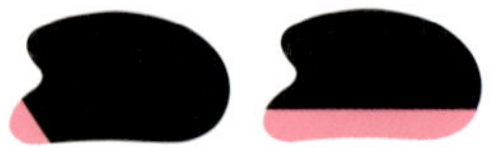

大山・腹

1. 大山で太ももの内側を、
ひざから付け根まで、
上下に小刻みに動かしながら
なで上げる。3ラインに分けて行う。
2. 3ラインを腹で一気になで上げる。

Point!

太ももが冷たくなっている人は要注意！　気血の循環が悪く、脂肪や老廃物がたまってセルライトができているかも。ここには冷えや体の代謝、内臓の働き、血液の循環、ホルモンに関係する大切な経絡が走行しています。これらの流れをよくし、体の中から美脚に近づきましょう。

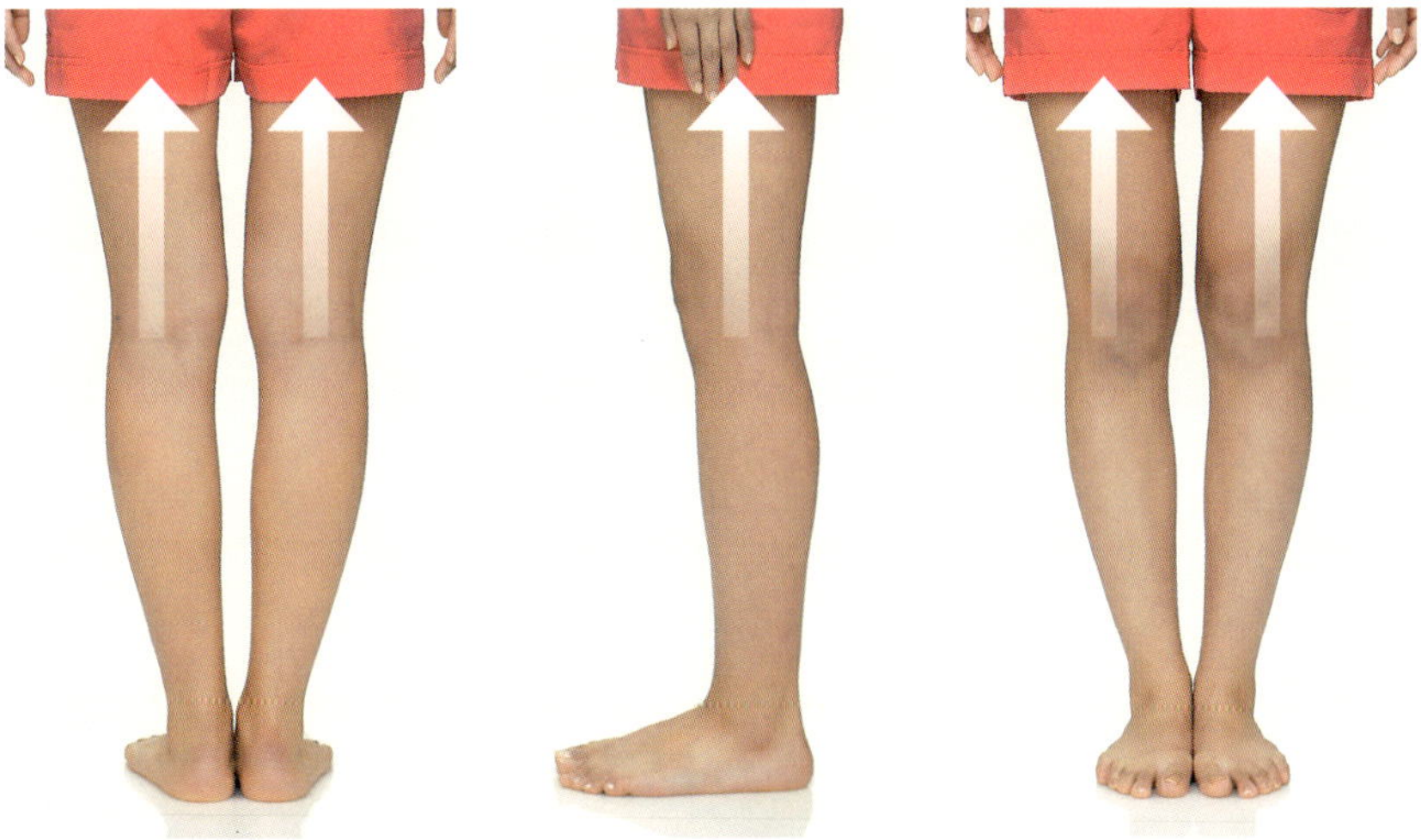

03

腹

太ももの前・外・裏を
ひざから付け根まで
なで上げる。

太ももにはこのツボ！

風市（ふうし）
腕を体の横につけたとき、
中指の先が当たるところ
大山で垂直に押し込む。

股門（いんもん）
太ももの裏の真ん中。
脚の付け根とひざ裏の中心
ラインの真ん中より指1本分上
大山で押す。

衝門（しょうもん）
脚の付け根の拍動を感じるところ
おしりで押し込む。

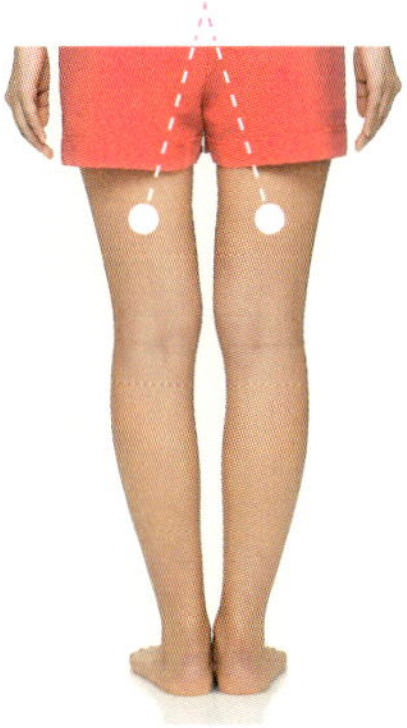

Point!
椅子に座って太ももを上げ、大山が殷門に当たるようにかっさ板を置いて太ももを下ろすと、太ももの重みで楽に押せます。足先をぶらぶらと動かせばさらによし。

Special Care

太ももエクササイズ

座っているときは左右の
ひざ頭をくっつけるように
意識する。
さらに強化したいときは、
ももの内側全体を
押しつけ合うように
力を入れる。
電車やオフィスでも
周囲に知られずにできる
簡単エクササイズです。

Column

太ももの大敵、「セルライト」って何？

セルライトとは、脂肪組織に老廃物や
水分がたまったり、脂肪細胞同士がくっついて
固まったりして、皮膚の表面がでこぼことした
状態になったものです。
かっさケアで血行をよくし、体の代謝を
よくすることで、不要な老廃物や水分を回収して
流すことができます。血流が改善されれば
内臓機能も整えられ、脂肪燃焼を促して
新陳代謝がアップ！　ダイエットにも効果的です。

Calf

ふくらはぎ

01 腹

ひざ裏を下から上へなでる。

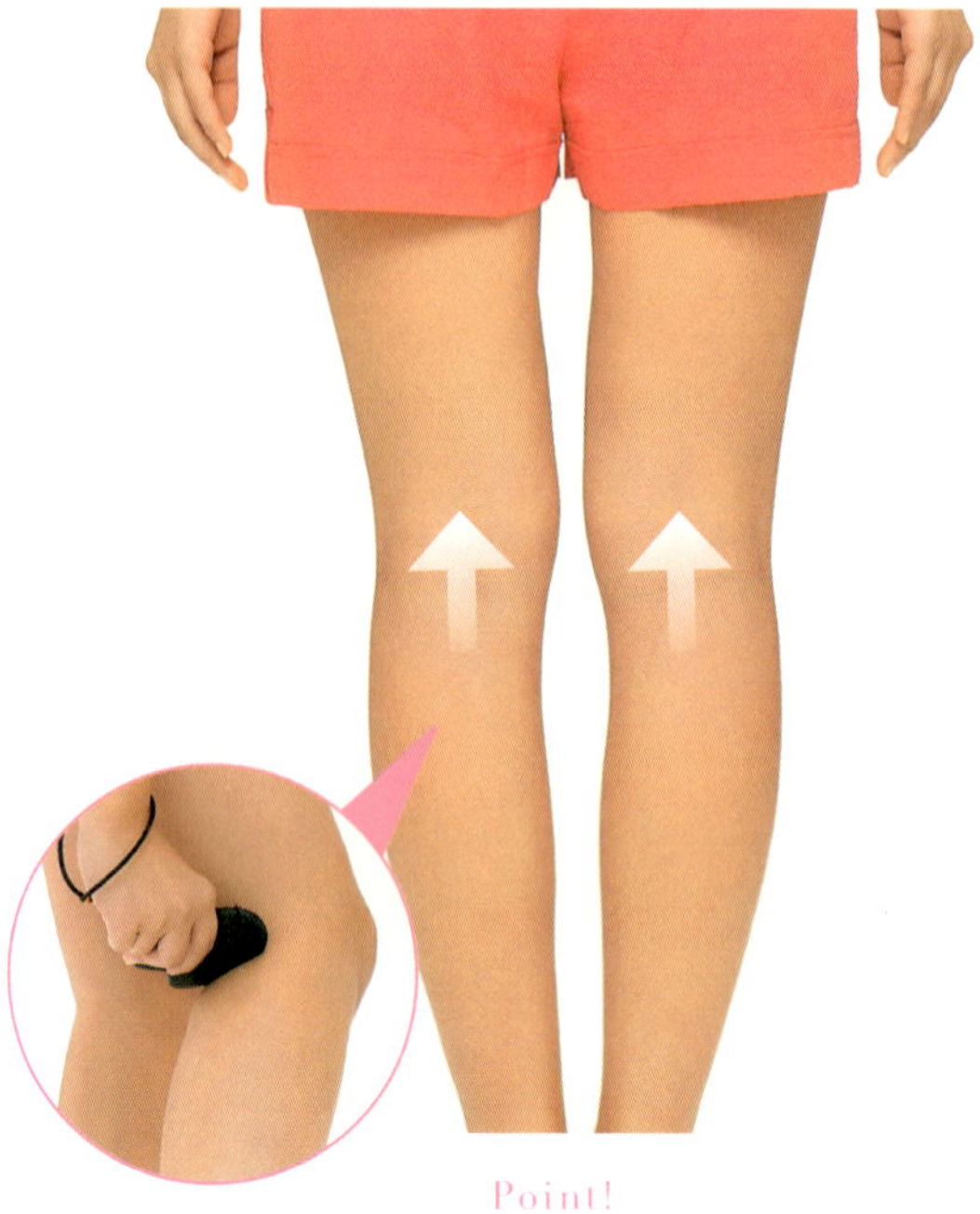

Point!

かっさ板は両手で持ちましょう。また、脚のほうを動かすと楽にできます。

Point!

ここには目からスタートし、頭のてっぺん、背中、腰、お尻、ひざ裏、ふくらはぎ、かかと、足の小指へと至る「膀胱経(ぼうこうけい)」という経絡が走っています。全身のバランスを整え、むくみ解消の効果があります。

02 腹

1. つま先を上げ、ふくらはぎを緊張させて４秒キープ。
2. 力を抜いたら、アキレス腱からひざ裏に向かってなでる。

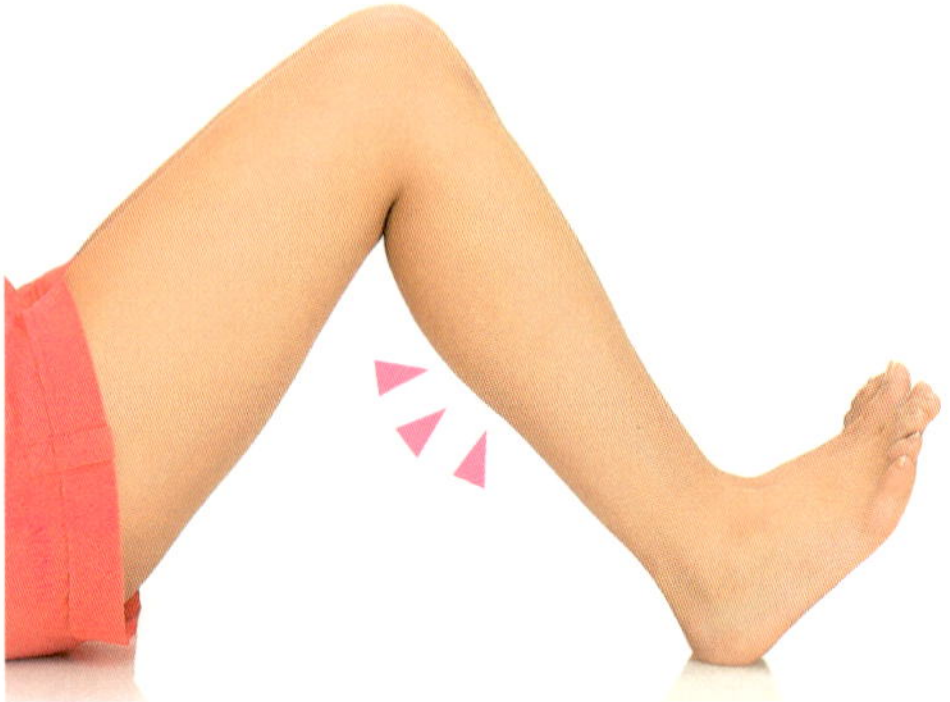

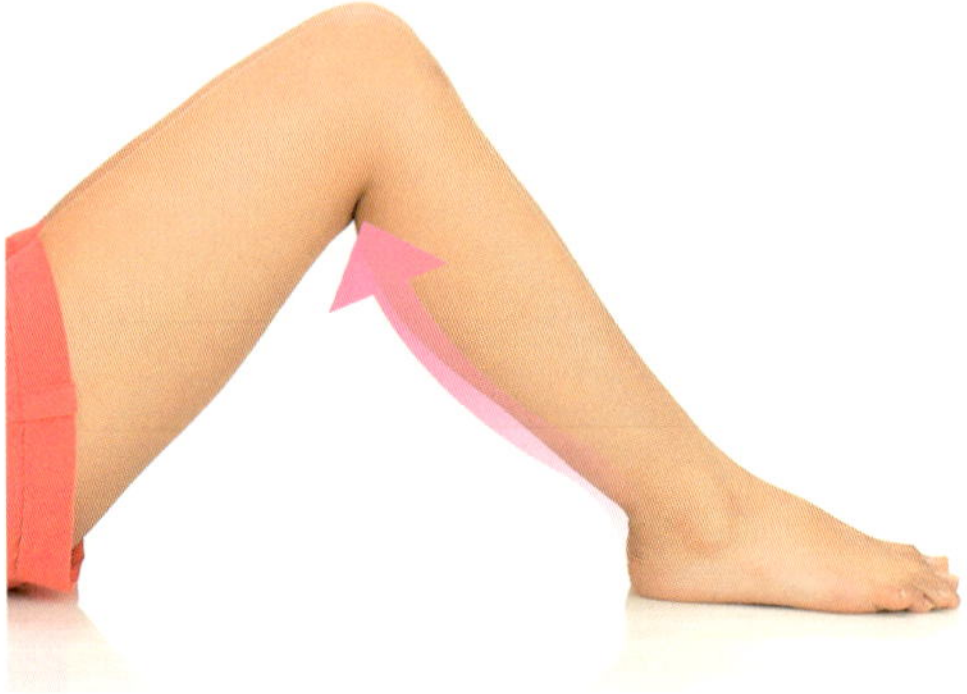

ふくらはぎにはこのツボ！ ▶▶▶

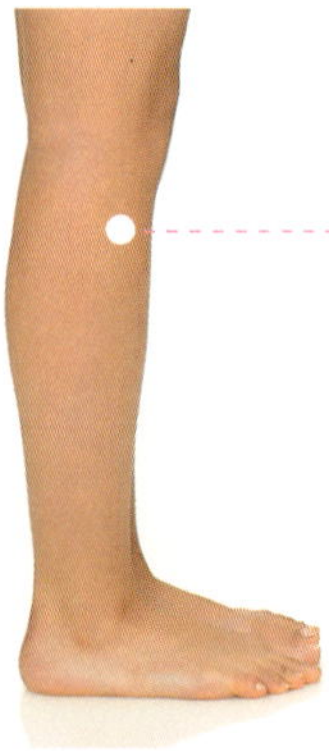

足三里（あしさんり）

ひざのお皿の外側下の
くぼみから
指4本分下のところ。
向こうずねの外側

大山で垂直に押し込む。

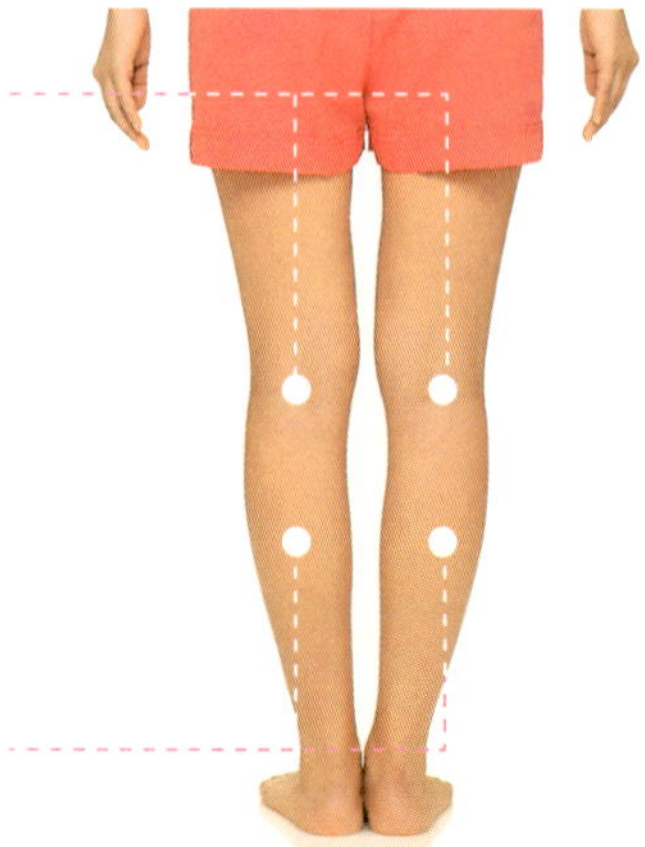

委中（いちゅう）

ひざ裏のしわの真ん中

大山で垂直に押し込む。

承筋（しょうきん）

ふくらはぎのふくらみの
真ん中

大山で押す。

Point!

つま先を上げて大山を承筋に当て、つま先を下ろすときに押し込むと、筋ポンプの作用で効果が高まります。

Ankle

足首

01 腹

足の裏からかかとの内側を通って、
内くるぶしとアキレス腱の
間までなで上げる。

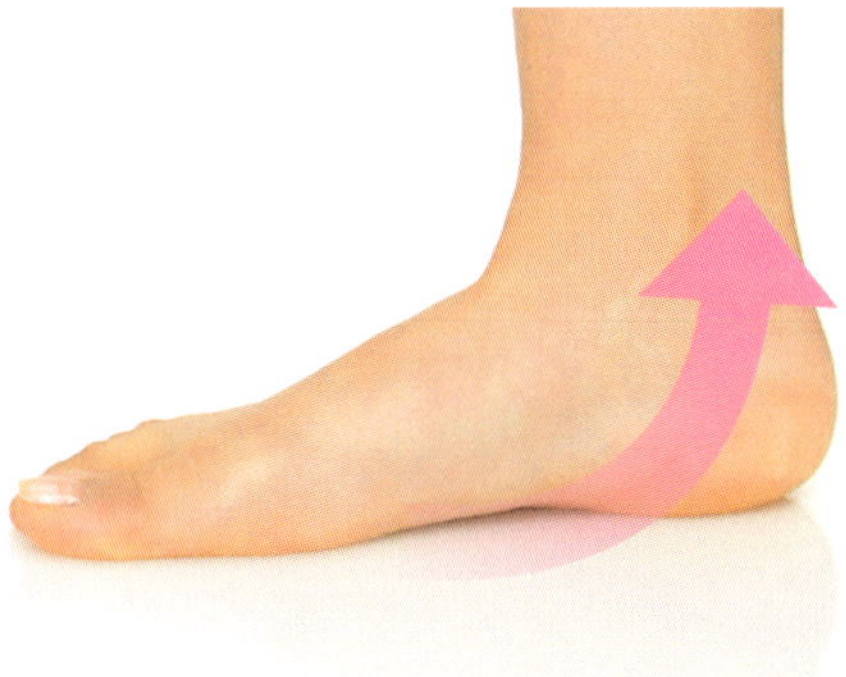

Point!
足の指先から足首にかけて重要なツボが密集しています。水の代謝、ホルモン調整、消化吸収作用、血行促進、デトックス作用などの働きを一気によくしましょう。

02 小山

足の指の間を、
骨に当たるまで
なで上げる。

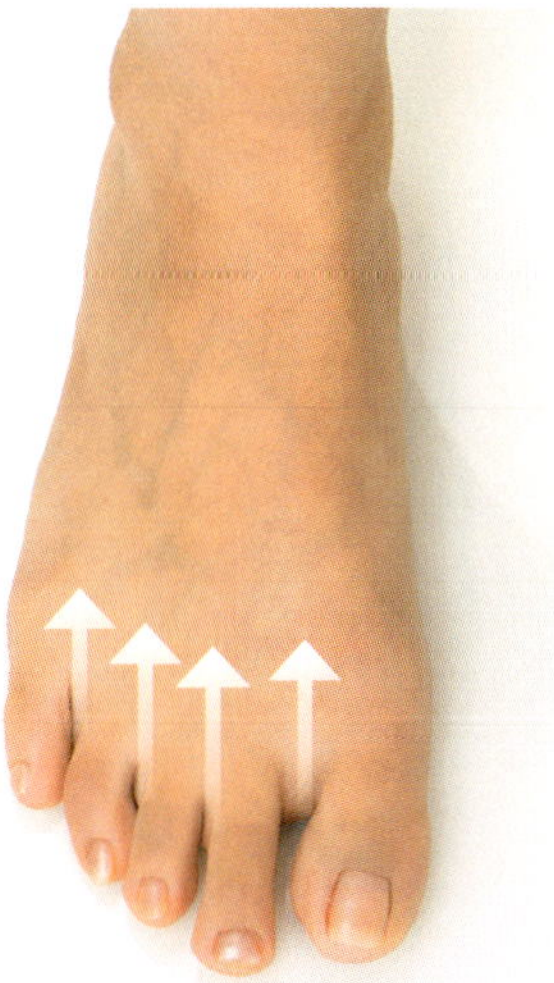

03 腹

足の甲を足首に
向けてなでる。

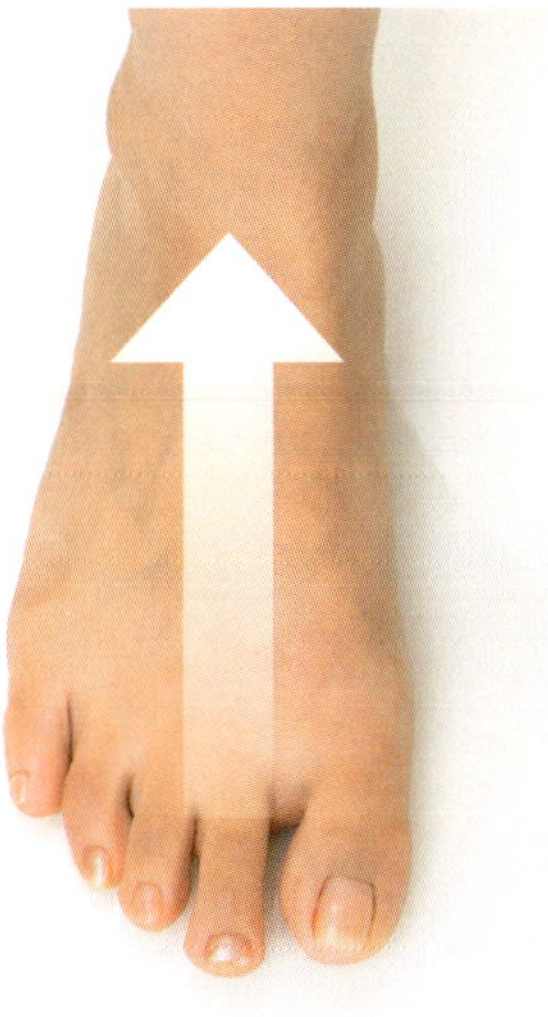

04 腹

足の外側を、外くるぶしと
アキレス腱の間までなで上げる。

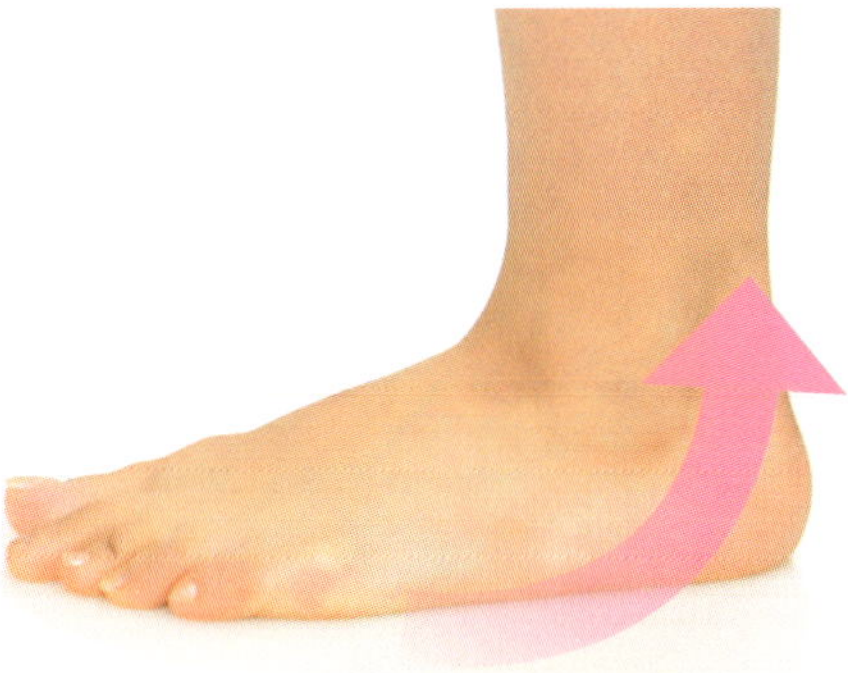

足首にはこのツボ！

水泉（すいせん）
内くるぶしの下の
くぼみ
大山で押しながら、
つま先を
上下に動かす。

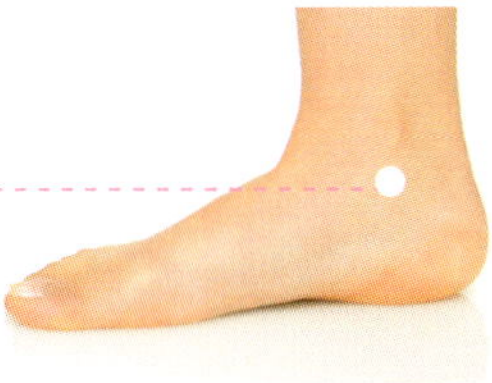

崑崙（こんろん）
外くるぶしと
アキレス腱の間にある
くぼみで、かかとの骨に
ぶつかるところ
大山で押しながら、
つま先を上下に動かす。

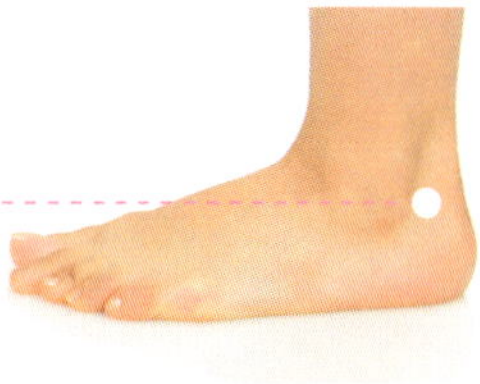

ANTI-AGING

アンチエイジング

―経絡ビューティーメソッド―

全身を流れる気血の流れが
悪くなると、
肌のターンオーバー（代謝）も
うまくいかなくなり、
しわ・たるみ・シミなどの
原因となります。
体の内側からキレイになることが、
実は、真のキレイを
底上げしてくれることに。
そこで、簡単で、どこでもできる
アンチエイジング法として、
2つの「経絡ビューティーメソッド」
をご紹介します。

Abdomen

丹田ケア

「丹田（たんでん）」とは下腹部のこと。
東洋医学では「生命の源」ともいわれる大切な場所です。
この「丹田」を温めることで免疫力・生命力が高まり、
アンチエイジング効果があります。
また、おなか・お尻には、「任脈（にんみゃく）」と
「督脈（とくみゃく）」という大切な経絡があります。
「任脈」は全身の〝陰〟の気、
「督脈」は全身の〝陽〟の気を統括・調整しています。
おなか・お尻をケアすることで、
全身の代謝を上げて、若さをキープしましょう。

01  腹

両手でかっさ板を持ち、
３分間ひたすらおなかをなでる。
1. 下腹部中心に、
脇腹や股関節のあたりをなでる。
2. おなか全体をなでる。脇腹も忘れずに。
3.「の」の字を描くように、
おなか全体をなでる。

Point!
とにかくお腹をなでまくります。
息を吐きながらなでると、より効果的（02も同様）。あたためたかっさ板なら効果倍増！

1
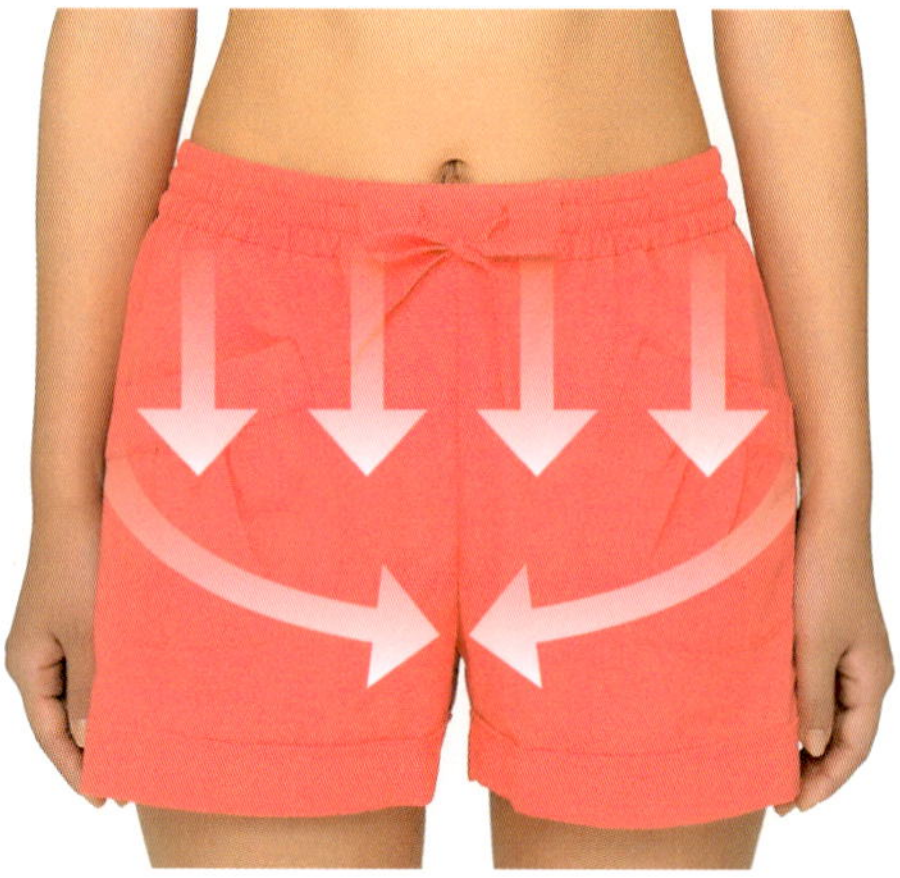

2
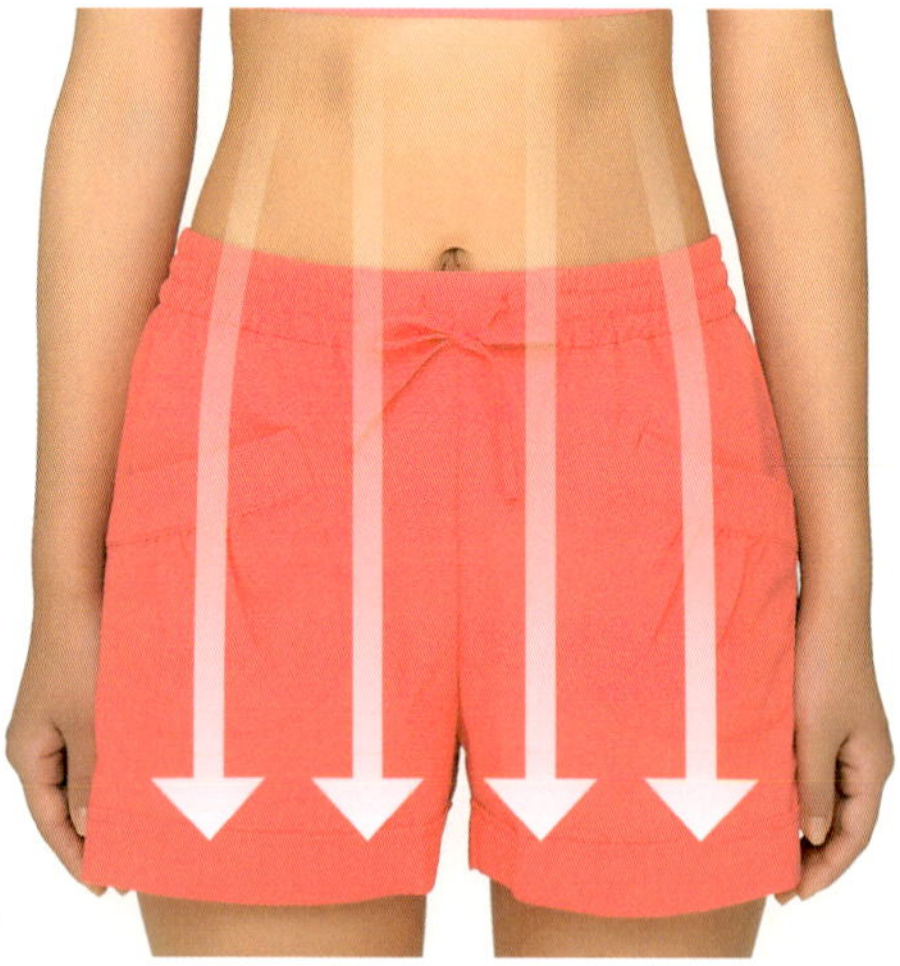

3
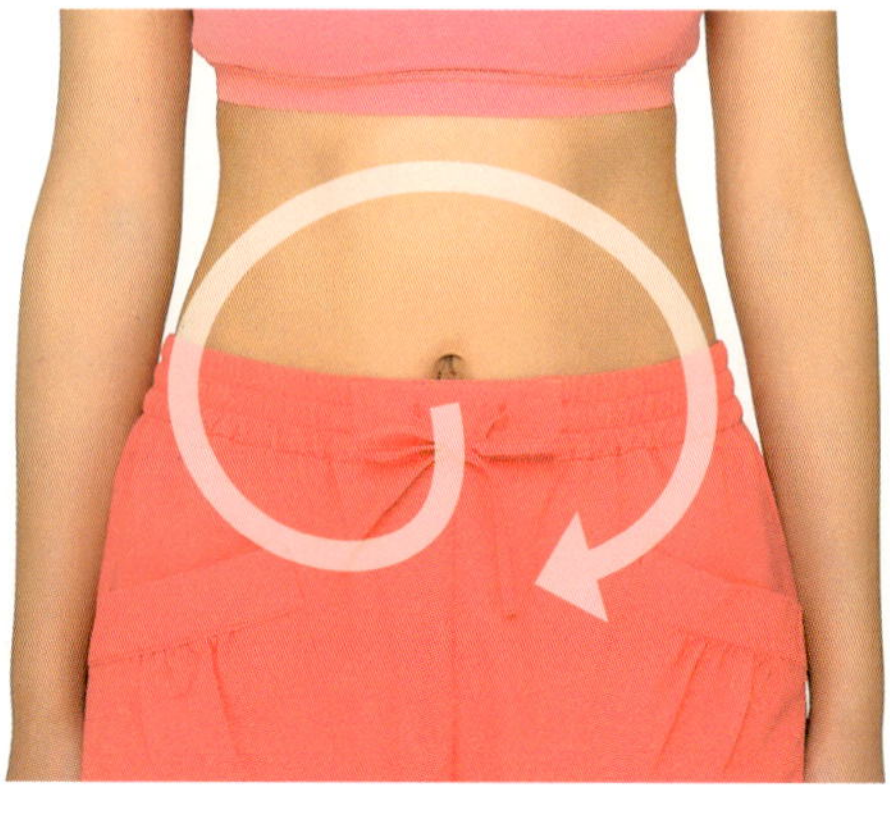

02 面

両手でかっさ板を持ち、
１分間ひたすらお尻をなでる。
1. 背中の中心をなでる。
手が届く範囲で、
背骨の上のほうから、
おしりの中心にある「仙骨」まで。
2. 仙骨の上だけを集中してなでる。

Point!

腕や肩を大きく動かすので、肩こりや二の腕にも効きます。なでるのが面倒な場合はドライヤーで温めるだけでも効果あり。かっさ板を温めてから使うとさらにGood！（01も同じ）

Extremities

手足経絡ケア

全身をめぐる14種類の経絡のうち12種類は、
手の先、または足の先から始まったり、そこで終わったりしています。
これらの経絡の上にあるのが「ツボ」。
つまり、手足には「ツボ」も集中しているのです。
すべてのツボを覚えるのは鍼灸師でも大変なこと。
でも、かっさ板でなでるだけなら簡単です。
大切なツボ（要穴）が集まる手足をケアして、
にぶっている気の働きを調整し、美しさに磨きをかけましょう！

手のマッサージ Hand massage

01
指のマッサージ

1. 爪の脇を両側から
強めに10秒押す。
息を吐きながら。

Point!
ここは「井穴（いけつ）」というツボで、経絡の気が湧き出すところです。

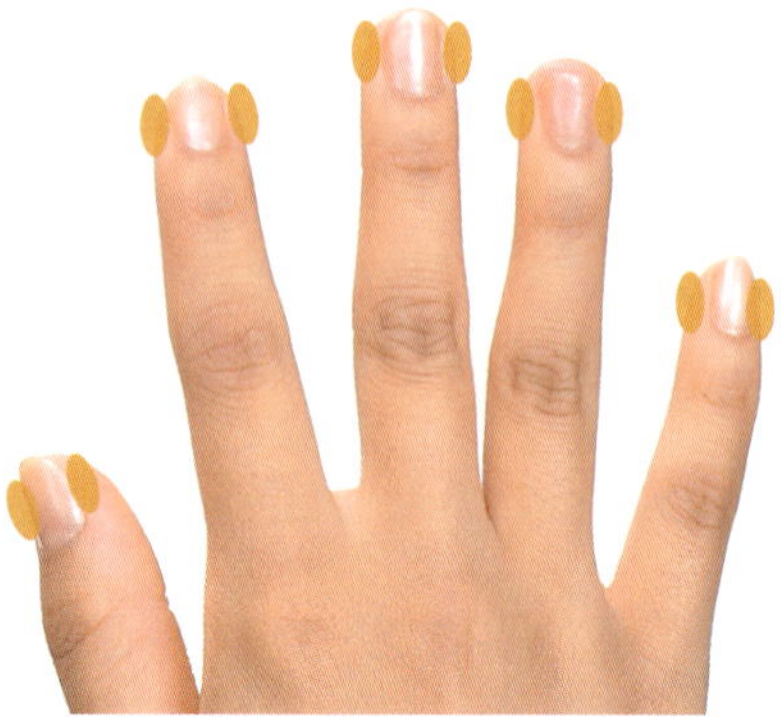

2. 次に、付け根から
指先に向けて、
指の両側をしごく
ようにして
マッサージ。

Point!
左右のすべての指を同じように。

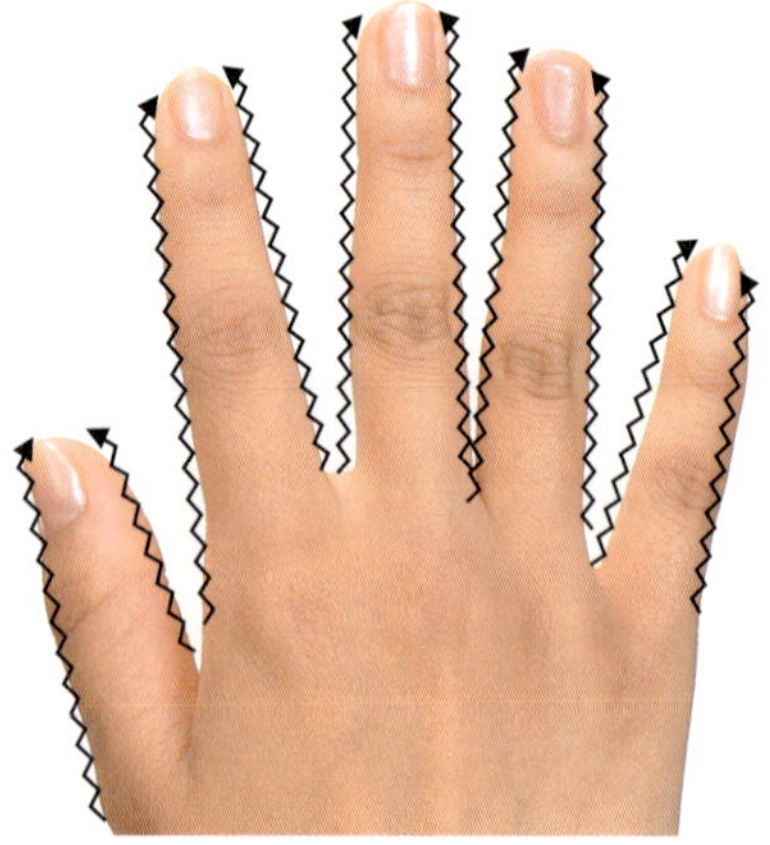

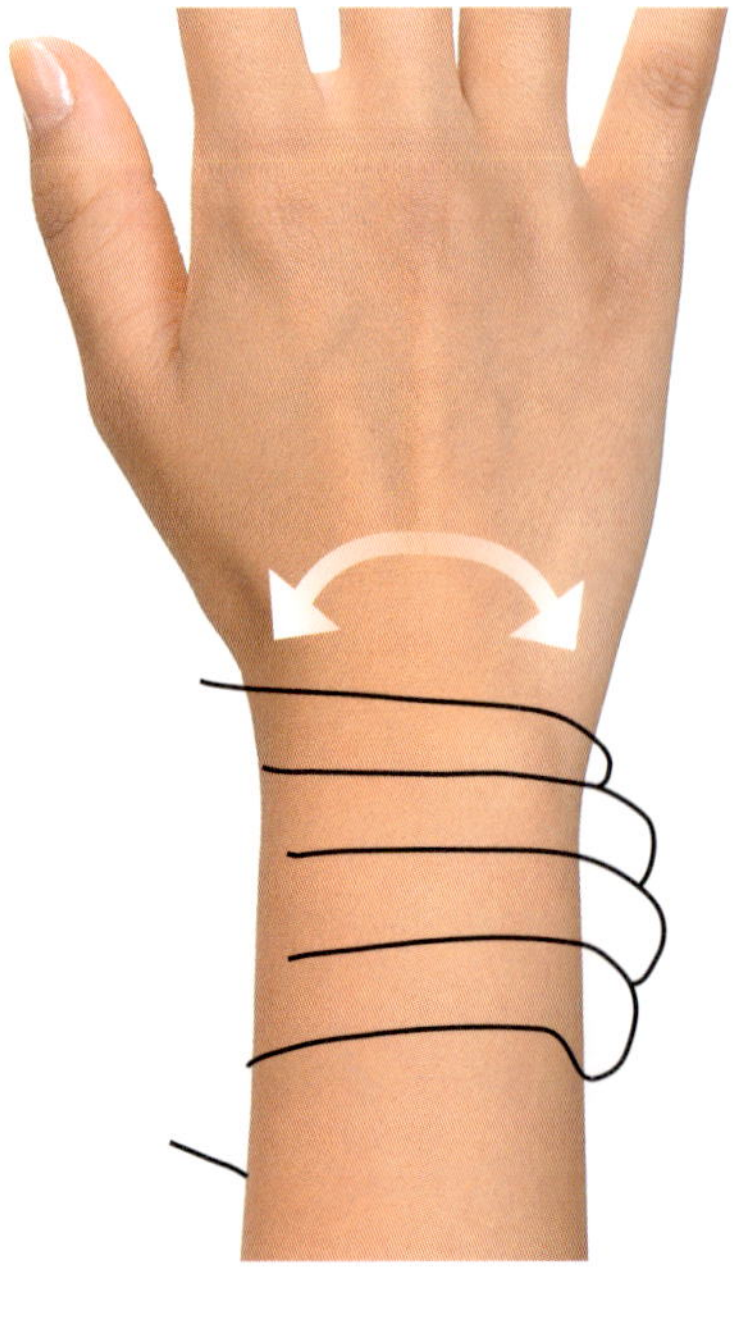

02
手首のマッサージ

手首を反対側の手で握り、
ぐるぐる回すようにして手首全体をマッサージ。

Point!
こには６つの経絡の「原穴（げんけつ）」＝原気（元気）が多く集まるところ。まとめてマッサージしてしまいましょう。

03

ひじのマッサージ

左右のひじのまわりを02の手首と同じ要領で
ぐるぐる回してマッサージ。

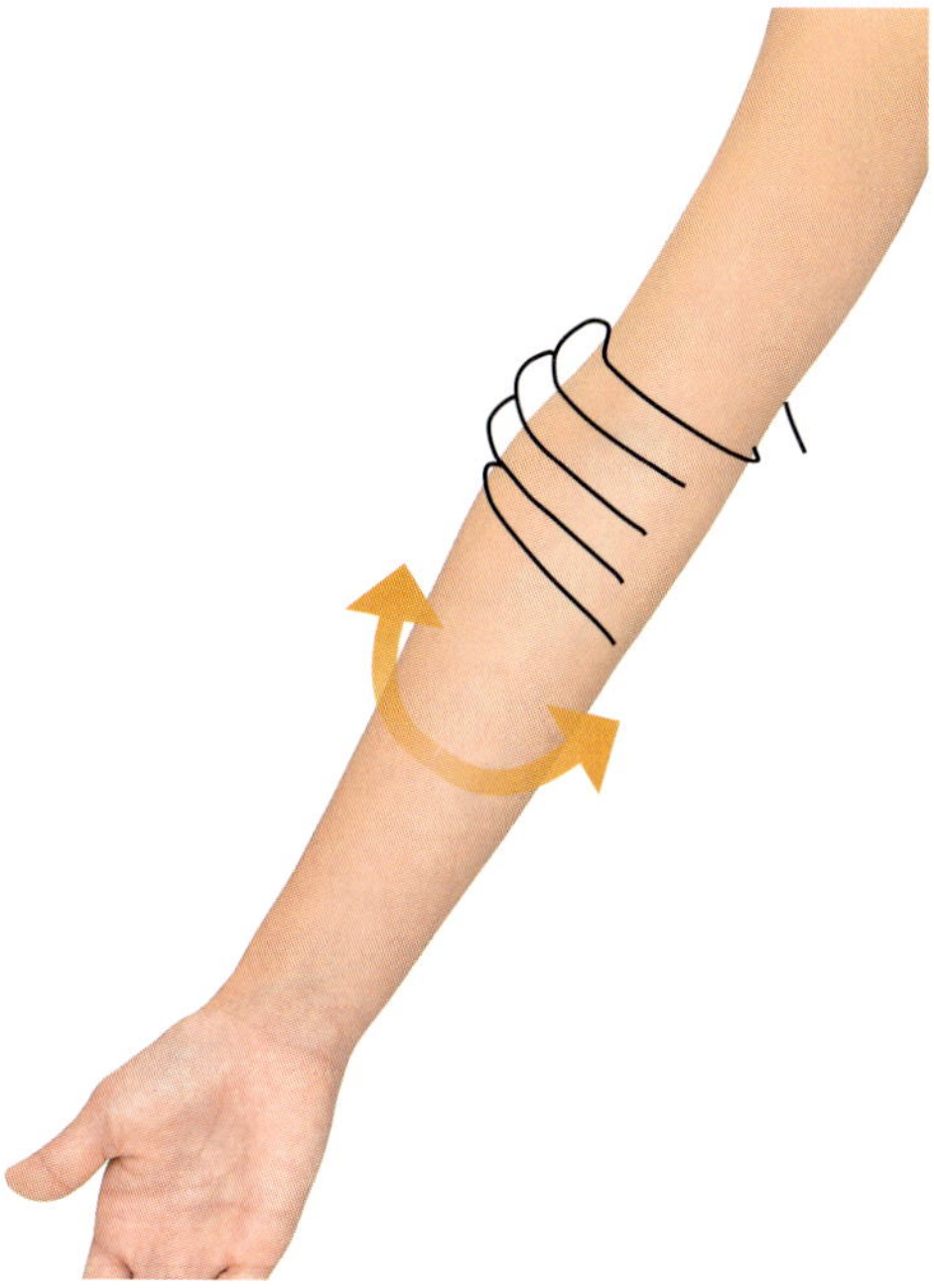

Point!

ここには「合穴(ごうけつ)」という、それぞれの気が体内に入る
重要なツボがあります。

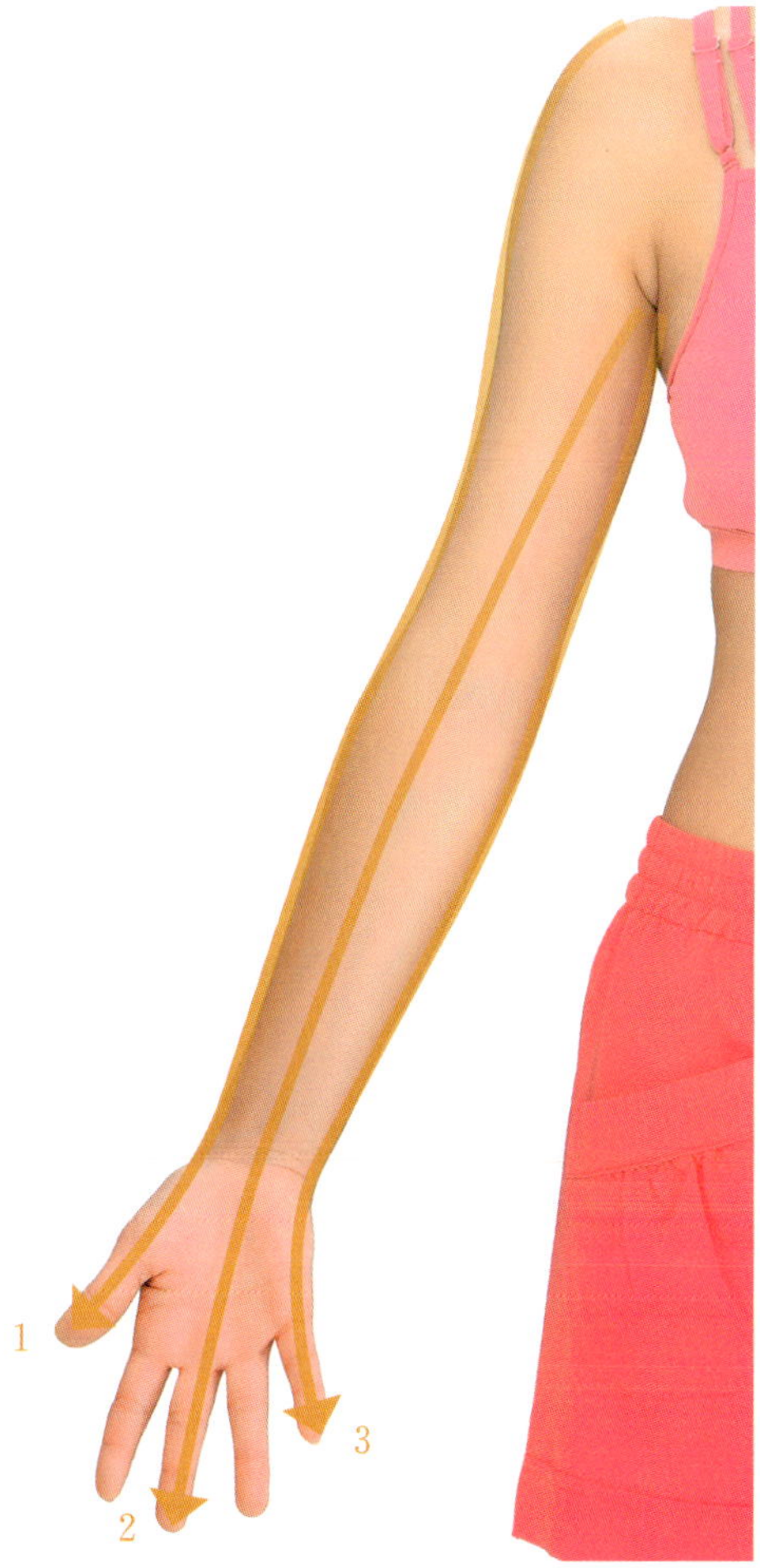

04 腹

腕の内側と外側を3ラインに分けてサーっと流す。

内側
1. 肩から親指の先まで
2. わきの下から中指の先まで
3. わきの下から小指の先まで

外側
1. 肩から人差し指まで
2. 肩から薬指まで
3. 肩から小指まで

足のマッサージ Foot massage

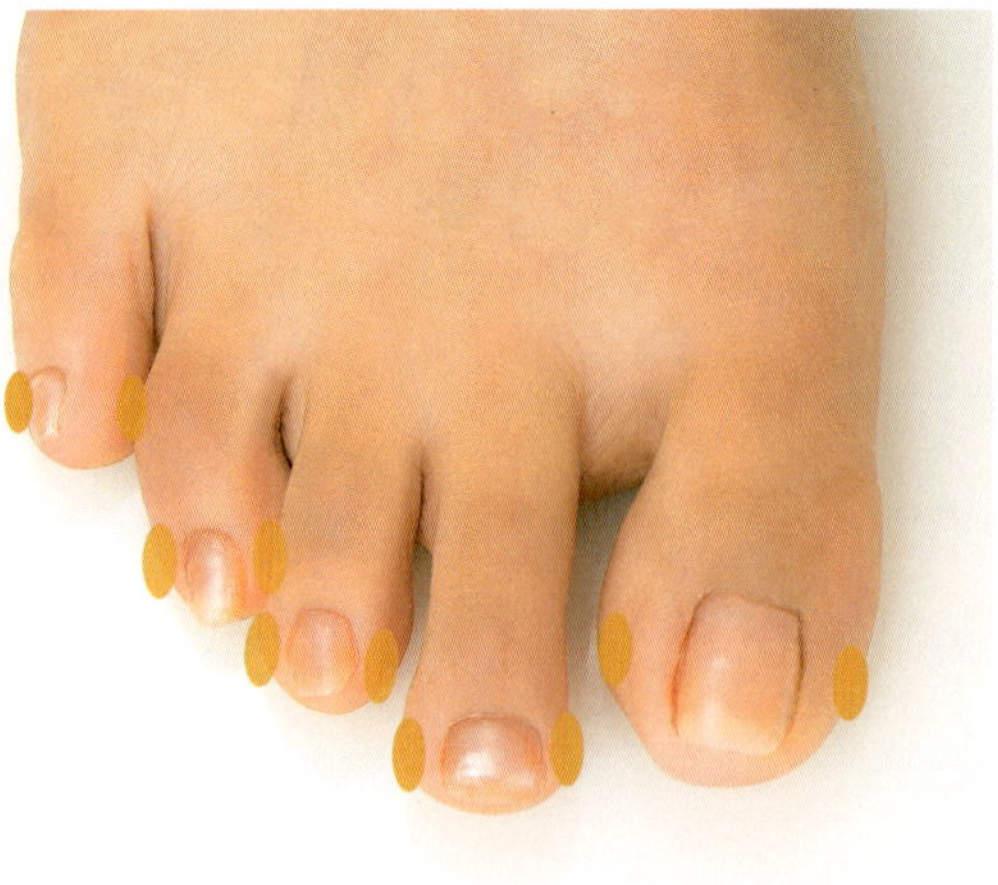

01

指を両側から強めに10秒押す。

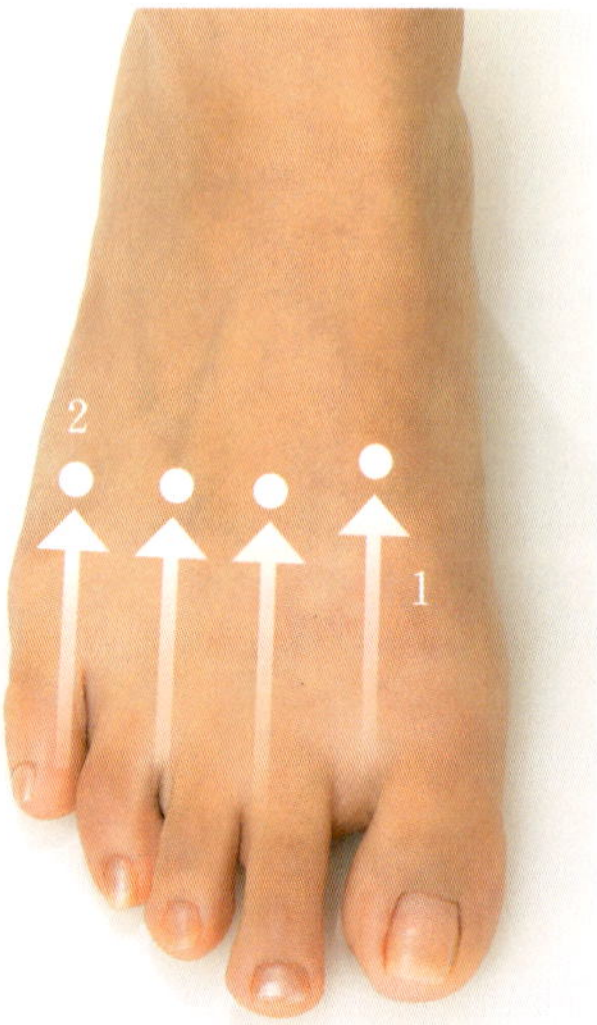

02 大山

1. 指の間を足の甲のほうへなでる。
2. 骨に当たって止まったポイントで、下から上へ押す。

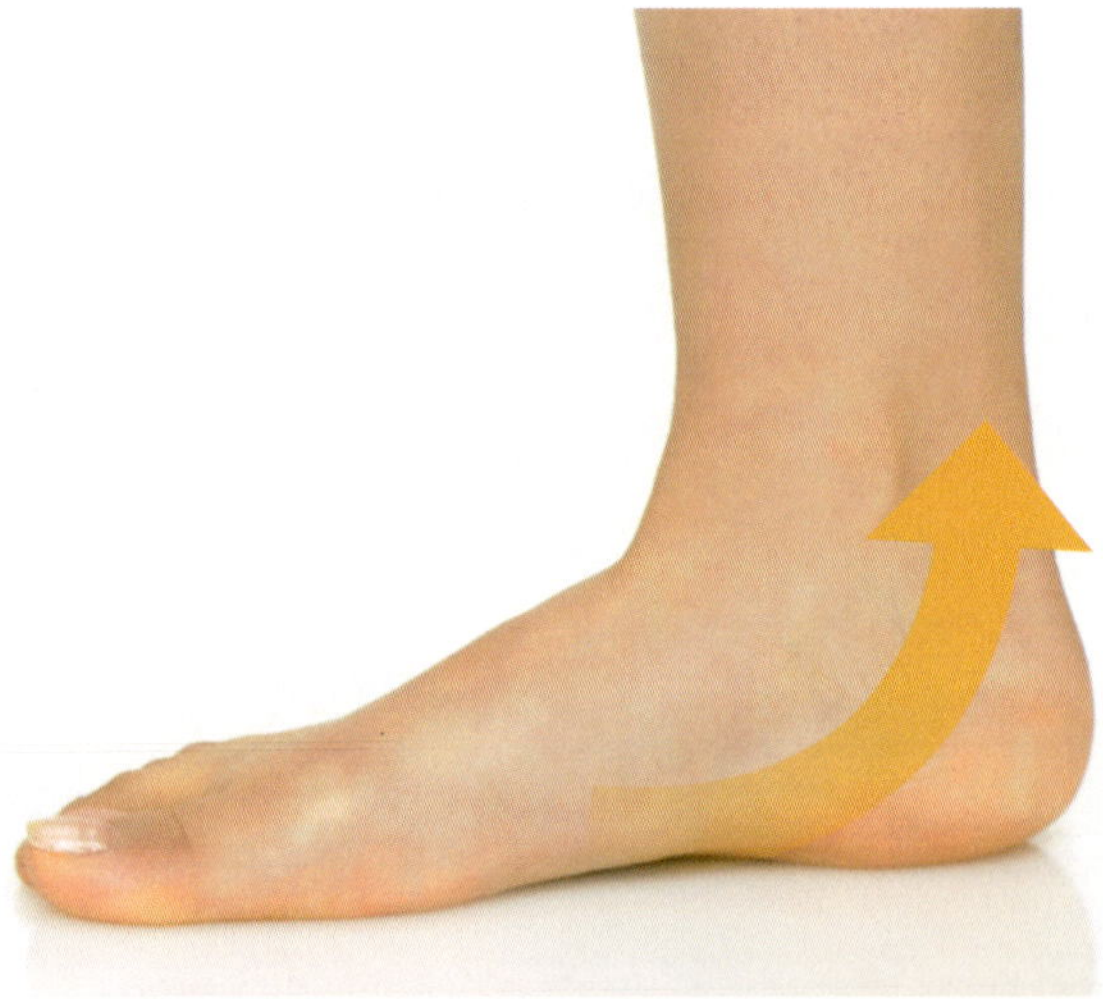

03 腹

親指の内側から
かかとまでなでる。

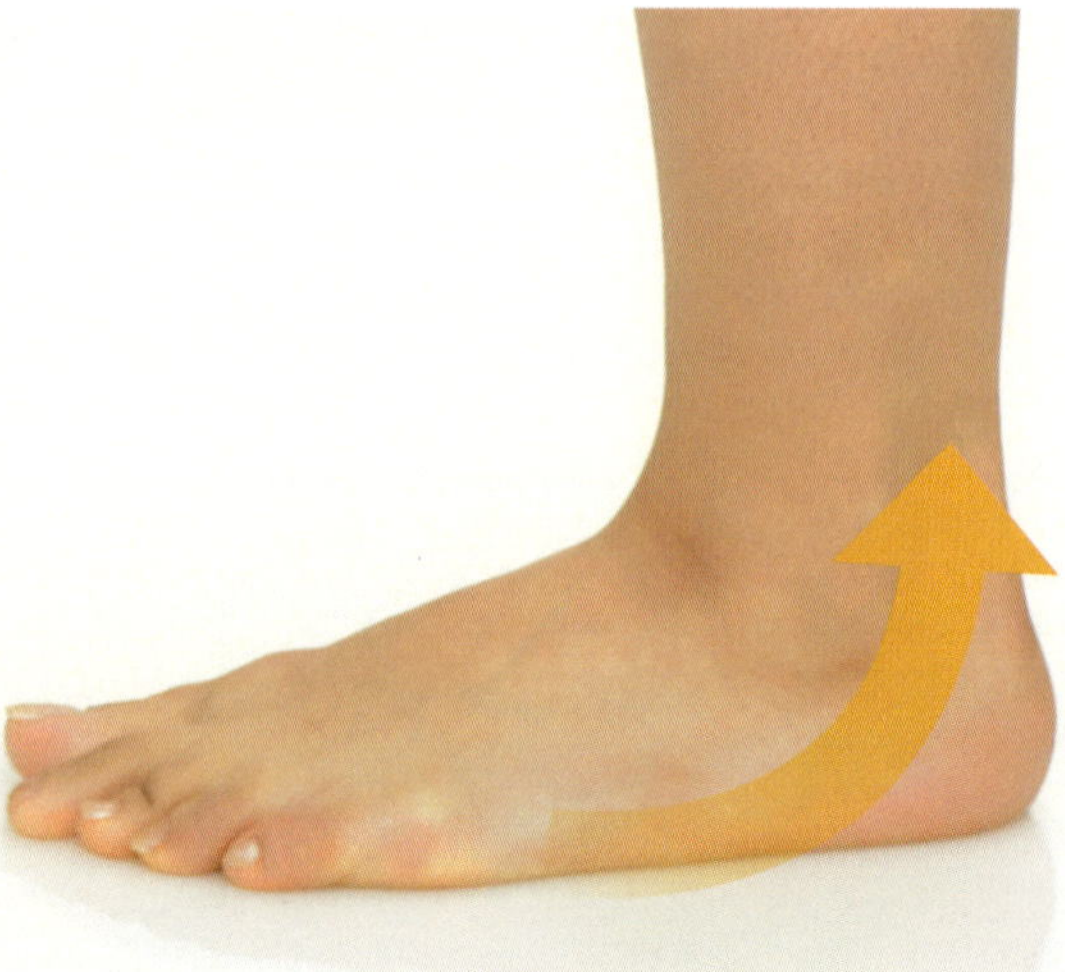

04 腹

小指の外側から
かかとまでなでる。

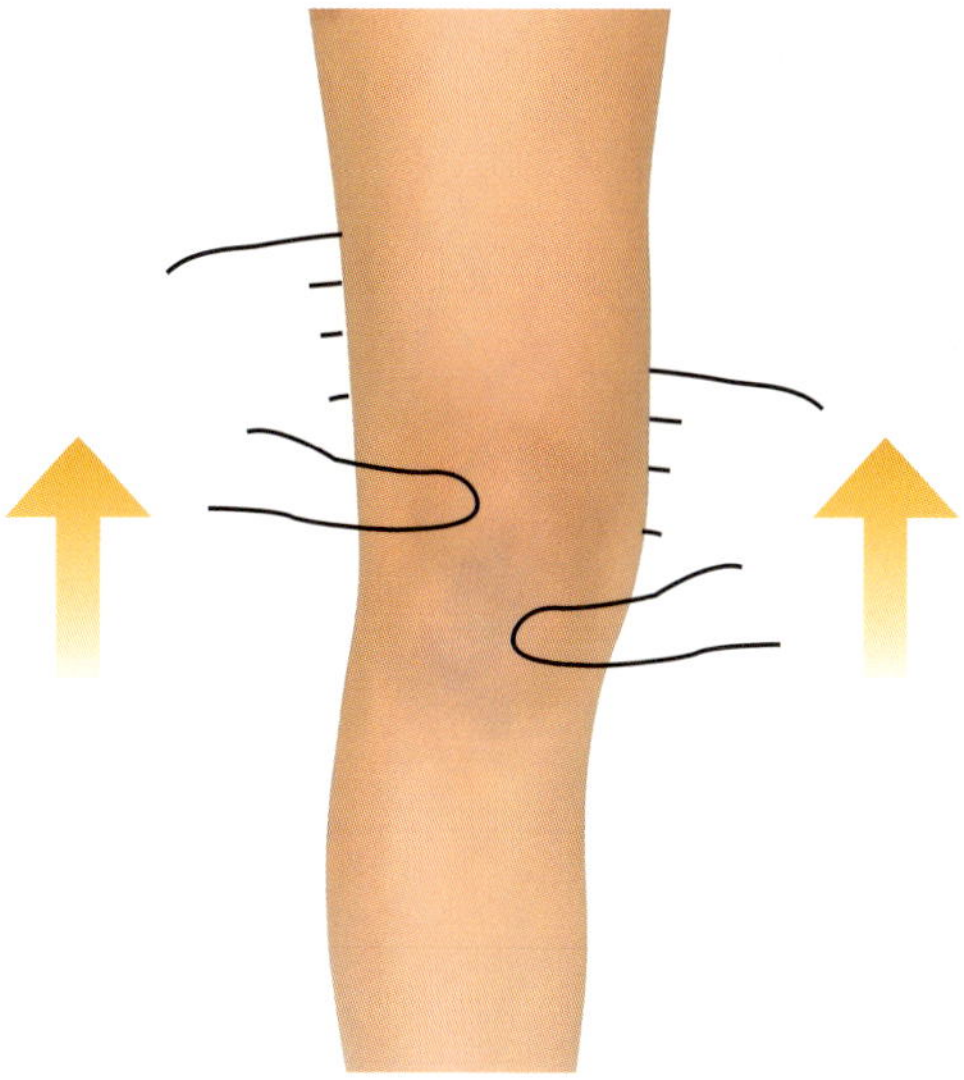

05

ひざを囲むように両手で持つ。
親指がひざ頭に、他の４本はひざ裏に。
下から上に10回なでる。

06 腹

脚全体を足先から付け根までなで上げる。

Point!

脚に走行している６つの経絡をなでることが目的ですが、ラインどおりなでるのは面倒という場合は、①脚の内側、②脚の外側、③脚の裏側（後ろ側）を足先から付け根に向かってなで上げればOK。

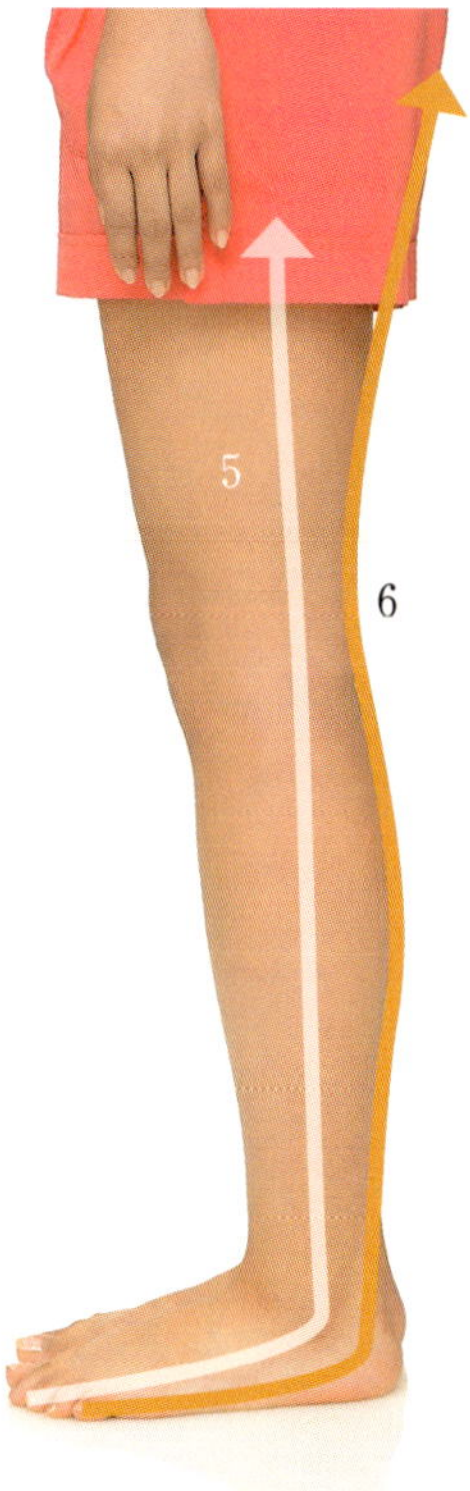

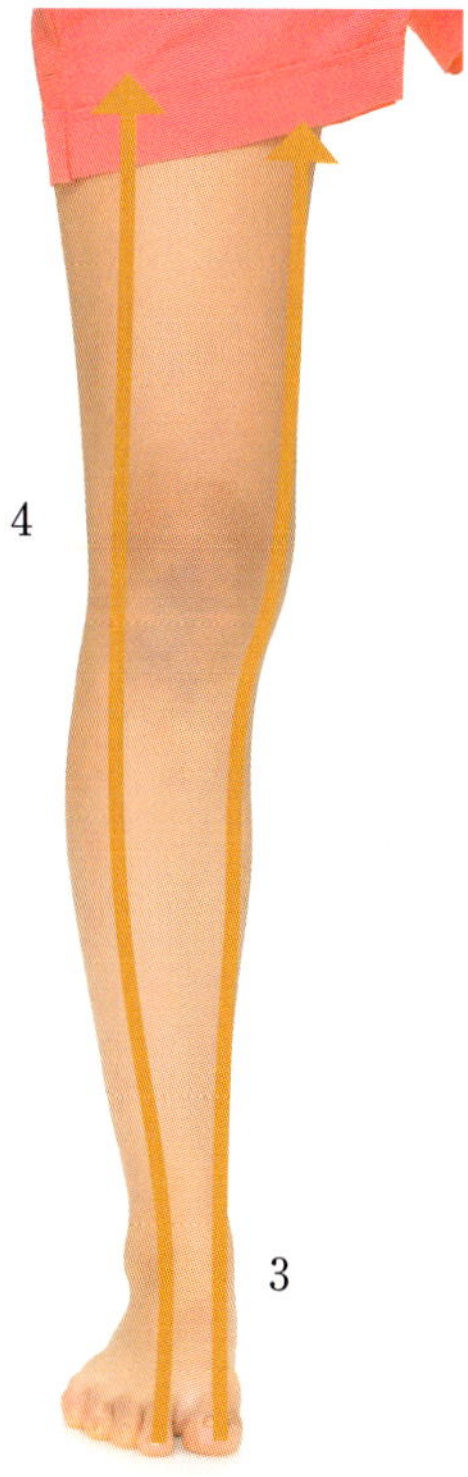

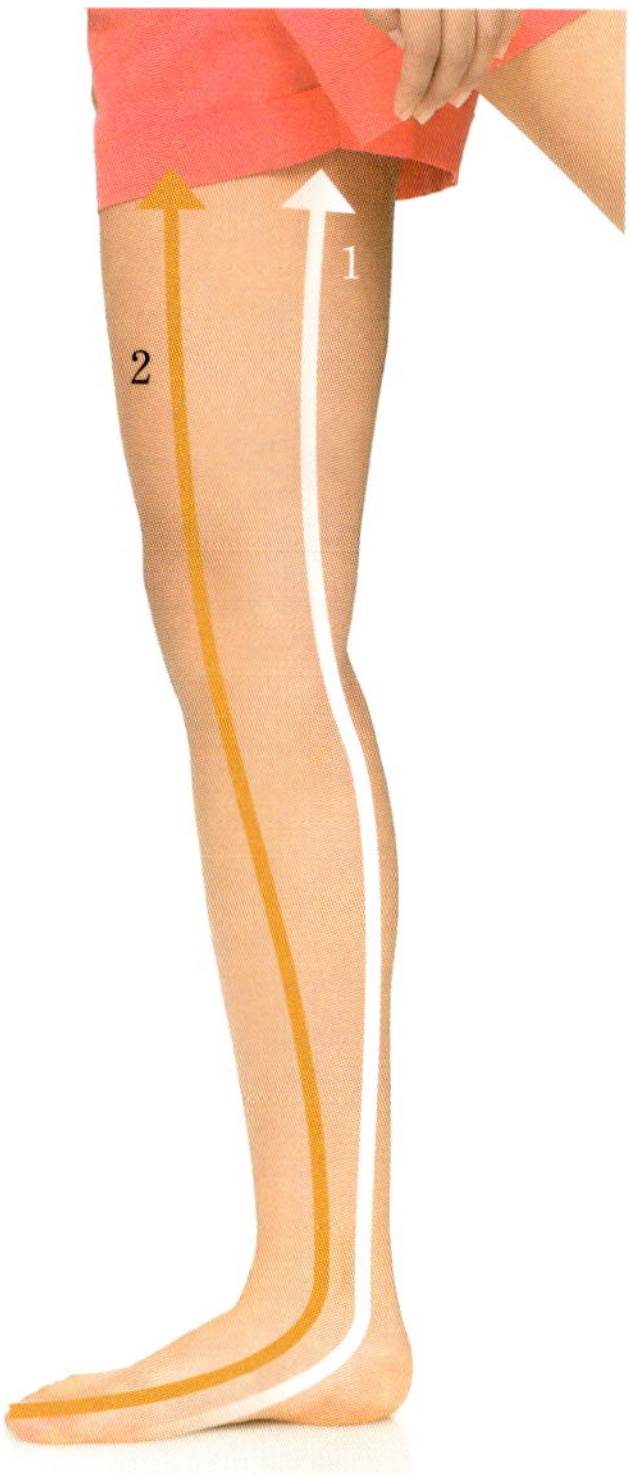

5. 薬指の先から外くるぶしの上を通り、付け根まで。
6. 小指の先からかかとと外くるぶしの間を通り、ふくらはぎと太ももの中心を通ってお尻まで。

3. 親指の先から人差し指と親指の間を通り、脚の内側を通って付け根まで。
4. 人差し指の先からすねのすぐわきを通り、付け根まで。

1. 土踏まずの少し前から、内くるぶしとアキレス腱の間、ひざの内側を通り、付け根の内側まで。
2. 親指の先から、内くるぶしとアキレス腱の間、ひざの内側を通り、付け根の内側まで。

巻末付録

ツボの探し方と効果

① 神庭（しんてい）
正中で生え際から少し髪に入ったところ

顔全体のむくみの改善。顔の艶を良くする。目のくまの改善。イライラの解消。
→額のしわ

② 頭臨泣（あたまりんきゅう）
黒目の真上で生え際から
ちょっと入ったところ

額のしわの改善、白髪予防。

③ 陽白（ようはく）
まっすぐ前を見たとき瞳孔の真上で、眉毛のちょっと上、少しくぼんでいる部位

目のくまの改善、まぶたのたるみの改善、眼の疲労の解消。→額のしわ

④ 印堂（いんどう）
眉間中央のちょっとくぼんだ部位

顔のバランスを整える。額のしわ、目の周囲のくまの改善（その他、めまい、鼻炎、眼の充血、ひきつけ）。→眉間のしわ

⑤ 魚腰（ぎょよう）
眉毛の中央のくぼんだ部位

眼の疲れをとり、眉間のしわを防ぐ。まぶたのたるみ改善。
→眉間のしわ

⑥ 晴明（せいめい）
目頭

目のくま、目の下のたるみ、ドライアイ、目の充血に。目の周りの血液循環をよくする。→目尻のしわ、目のクマ

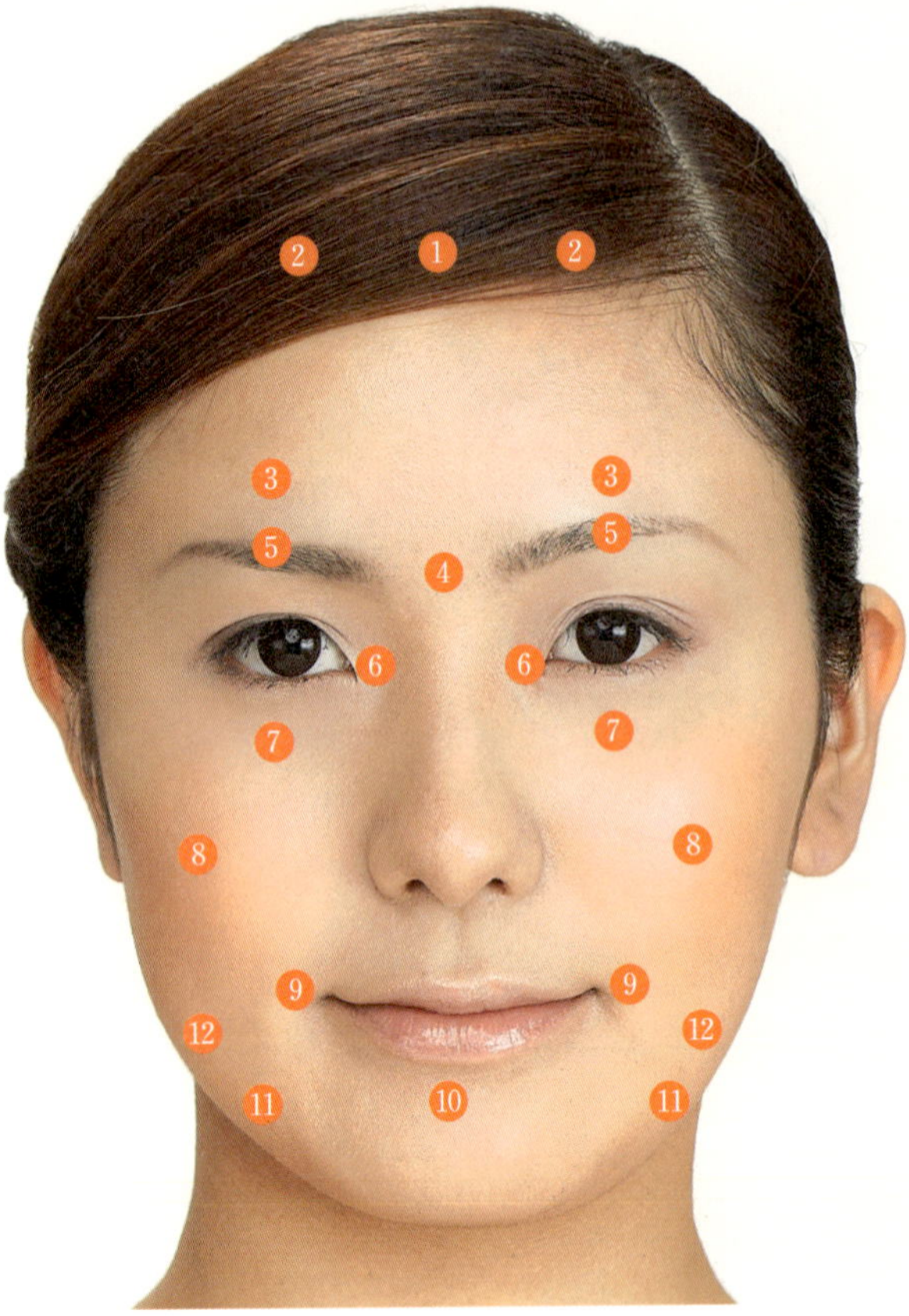

⑦ 四白（しはく）
まっすぐ前を見たときの
黒目の真下で凹む部位

くま、むくみ、しわに効果。ここはお化粧のりがいいかどうか一番目につきやすい部位。→目のクマ、目尻のしわ

⑧ 顴髎（けんりょう）
目尻の真下で頬骨の下のラインと
ぶつかるところ

頬のたるみ、顔のむくみにもよい。
→ほうれい線、口元のしわ

⑨ 地倉（ちそう）
左右の口角から水平線上で
ほうれい線の延長線上

ほうれい線、ニキビ、吹き出物。
→口元のしわ

⑩ 承漿（しょうしょう）
正中で唇の下のくぼんだ部分

口・あごのしわ、たるみ、吹き出物、肝斑に効果あり。

⑪ 大迎（だいげい）
あごのラインで口角の下外方の
拍動を感じる部位

顔全体のむくみの解消、肌荒れ、くすみ、口元・顎のたるみの解消、二重あご。特にあごの下のたるみに関係する広頚筋にも働きかけ、すっきりしたフェイスラインとデコルテを目指す。→口元のしわ、小顔（顔のむくみ）

⑫ 頬車（きょうしゃ）
えらよりちょっと内側で力を入れて歯をかみ合わせると筋肉が盛り上がる部位

フェイスラインのたるみ、口のゆがみに効果。顔のむくみにも。
→二重あご、ほうれい線

❶ 百会（ひゃくえ）

頭のてっぺんの正中線上で左右の耳の穴を結んだラインとぶつかるところ

全身の様々な病に対して有効な万能つぼ。顔の艶を良くする。イライラ解消。自律神経調整。

❷ 脳戸（のうこ）

頭の後ろで正中線上のでっぱりのすぐ上のくぼみ

額のしわを作る前頭筋と連動している後頭筋に働きかけ、額のしわを伸ばす。

❸ 頭維（ずい）

額の角で髪の生え際から斜め上方にちょっと入ったところ

顔全体のたるみ、白髪予防。

❹ 糸竹空（しちくくう）

眉毛の外端のくぼみ

額のしわ、眉間のしわ、目の充血などにも。

❺ 太陽（たいよう）

眉尻と目尻との中央からやや後ろにあるくぼみ

額のしわ、目のくま、たるみの改善。

❻ 和髎（わりょう）

もみあげの後方、耳の付け根の前方

顔のむくみ・たるみ、目の疲れ。

→目尻のしわ、目のクマ、小顔

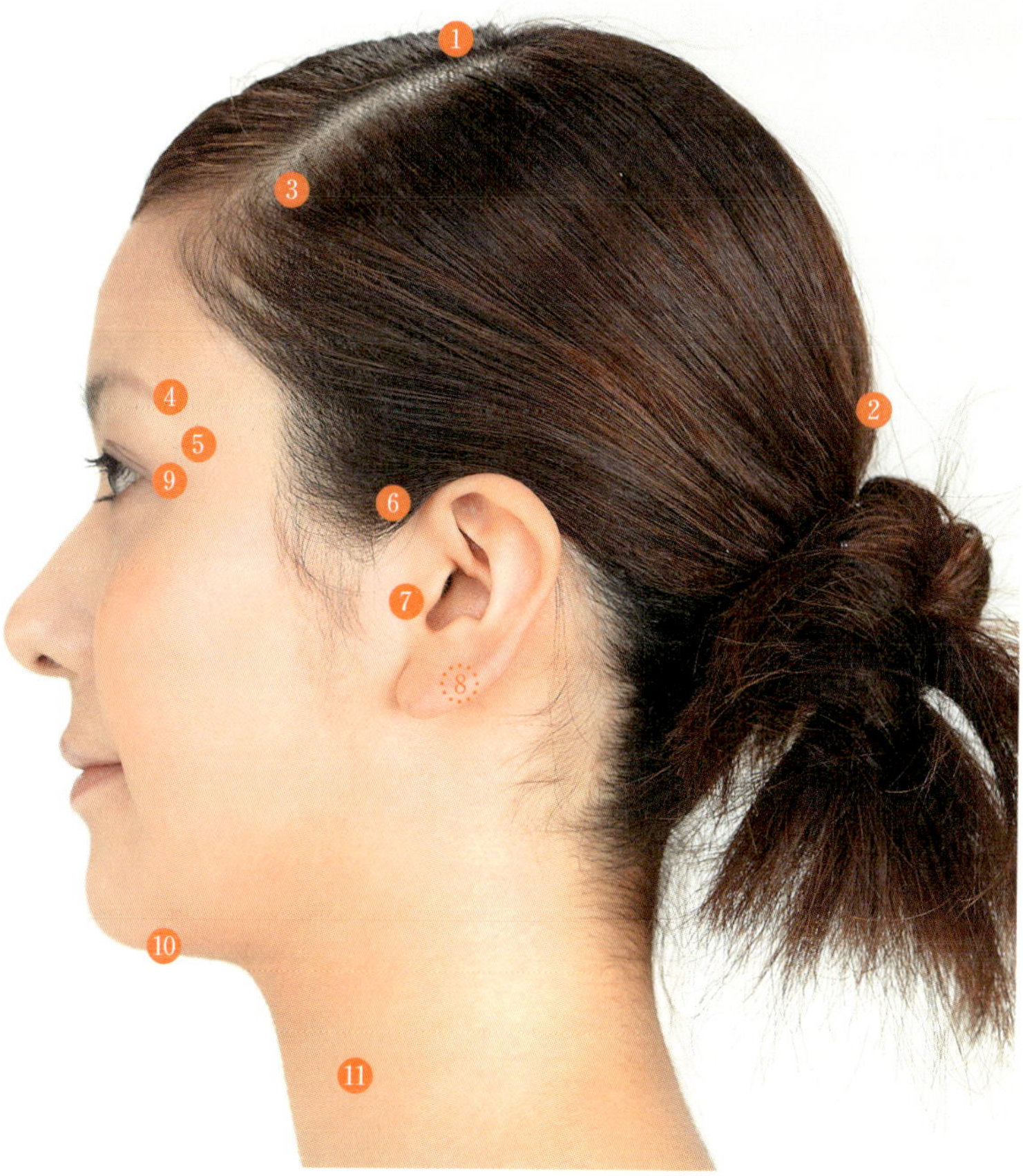

❼ 聴会（ちょうえ）

耳の前で、口を開けるとくぼむ部位

顎関節症や、一方の側の歯でかむ習慣のある人は顔がゆがみがち。顔のバランスを整え、たまっている老廃物を流す。

❽ 翳風（えいふう）

耳の下で顎のつけね。くぼんだ部位

顔のゆがみ・たるみ。むくみに。水分の代謝を良くする。

→小顔（顔のむくみ）、二重あご

❾ 瞳子髎（どうしりょ）

目を閉じた時に目尻のしわの終わるところで凹む部位・目尻のくぼみ

目の周囲のしわ・たるみ、まぶたのたるみ、目の充血、眼精疲労に。→目尻のしわ

❿ 上廉泉（じょうれんせん）

あごの真下のちょっとへこんだ部位

あごの下にたまった老廃物を流し、フェイスラインをほっそりさせる。二重あご、顔のたるみ、しわ・むくみにも。

→口元のしわ、首のしわ、二重あご

⓫ 人迎（じんげい）

のど仏から左右にちょっと離れたところで、拍動を感じる部位

顔にいく大きな血管が走っている。顔の代謝を上げ、肌のトーンを明るく健康的にする。→首のしわ

❶ 中府（ちゅうふ）

腕の付け根、鎖骨の下のくぼみ

全身の気を流し、呼吸もしやすくなり、代謝が高まる。バストを支える筋に働きかける。→バストアップ

❷ 膻中（だんちゅう）

胸のまん中、左右のバストのトップを結ぶラインで正中線上

ストレス、イライラ、気の乱れを整える。精神的な不安をやわらげる。
→大人ニキビ、バストアップ

❸ 天渓（てんけい）

バスト側面に位置し、高さはバストのトップと同じ位置

バストのボリュームアップ。乳腺を発達させる。ハリがでる。

❶ 風池（ふうち）

首筋のやや外側、生え際あたりのくぼみ

首・肩のこりをとり、頭・顔の血行をよくする。目の疲れ、頭痛に。デスクワークの方には特におススメ。
→眉間のしわ、首のしわ、二重あご

❷ 肩井（けんせい）

頭を前に倒すと、首の付け根にグリっとした大きな骨が出る。その骨と肩のはじの骨を結んだまん中

腕全体の血行をよくし、肩こり解消にも。→眉間のしわ、首、二の腕

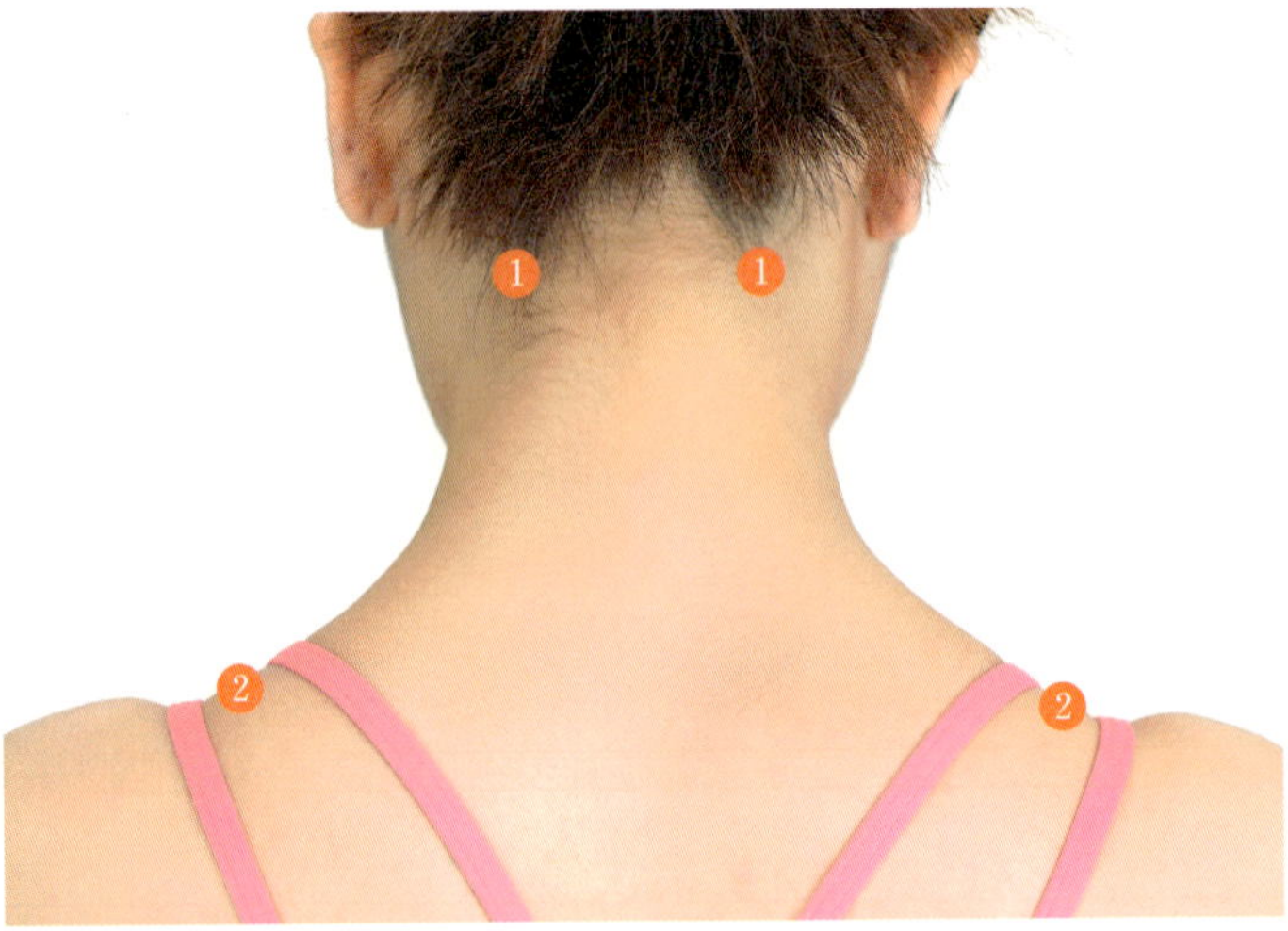

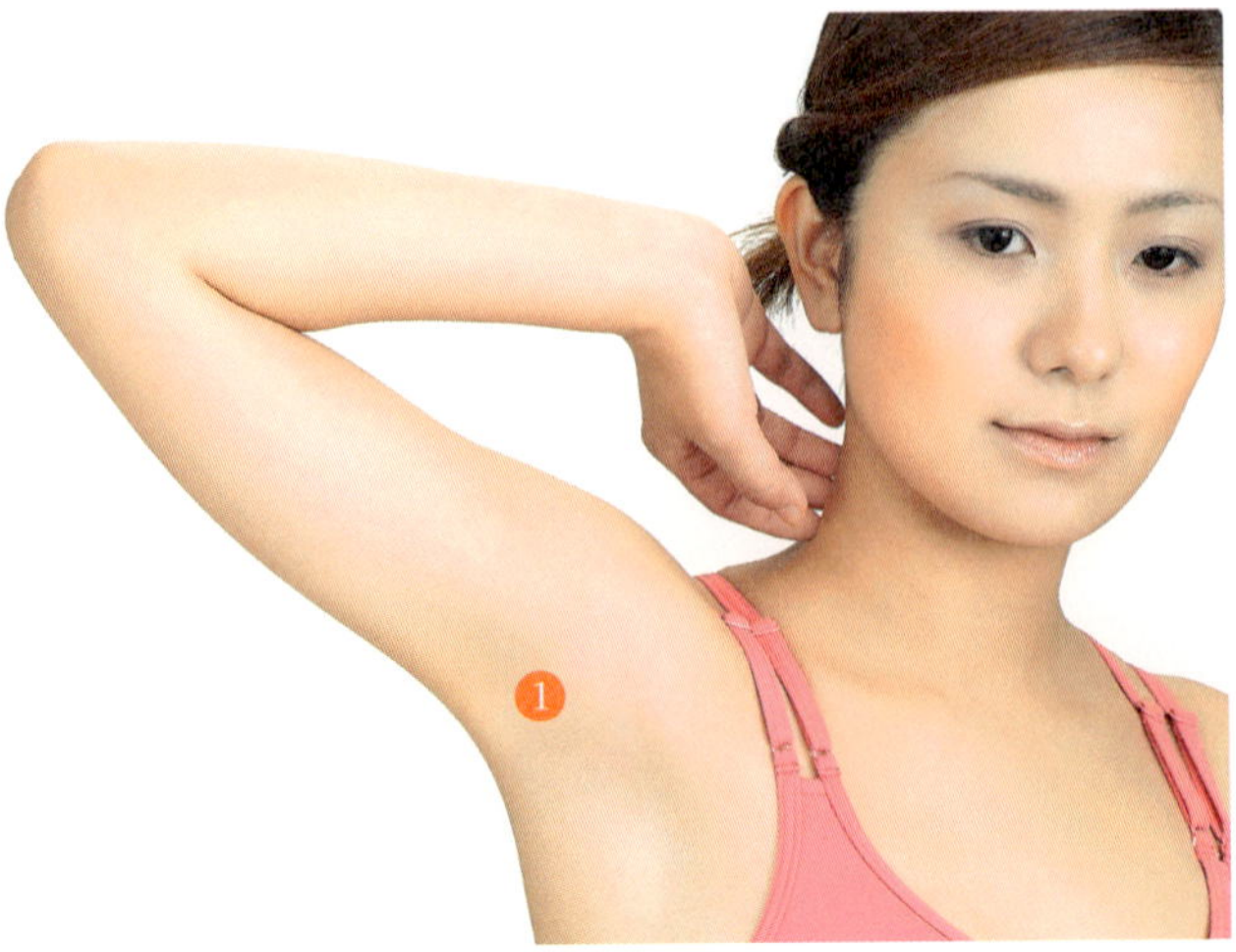

❶ 極泉（きょくせん）

わきの下の中央のくぼみ

心経といい、心臓病にも。精神的疲れ、ストレスにも効果あり。腕全体の代謝をよくする。バストアップ、肩こり、首こりにも。
→二の腕

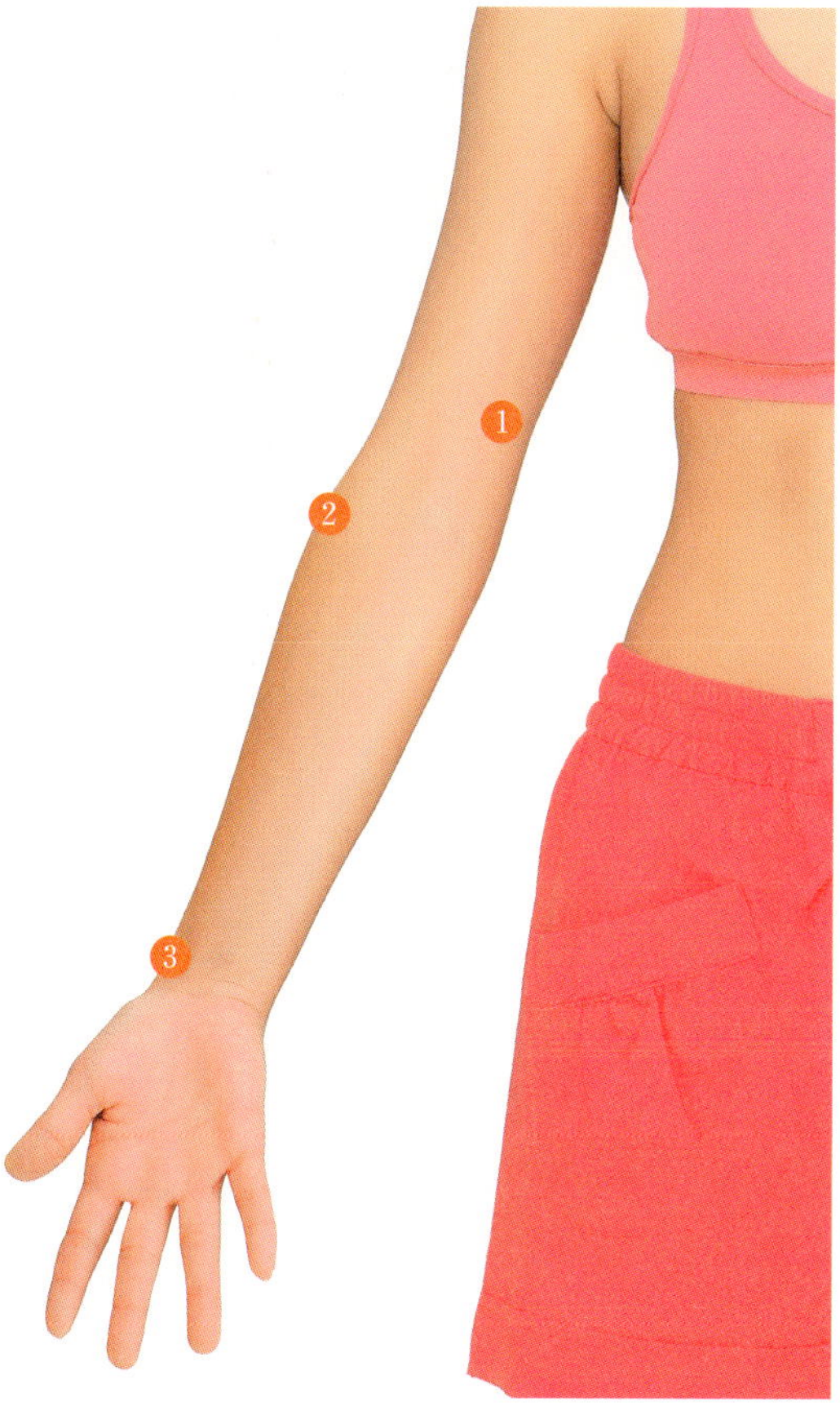

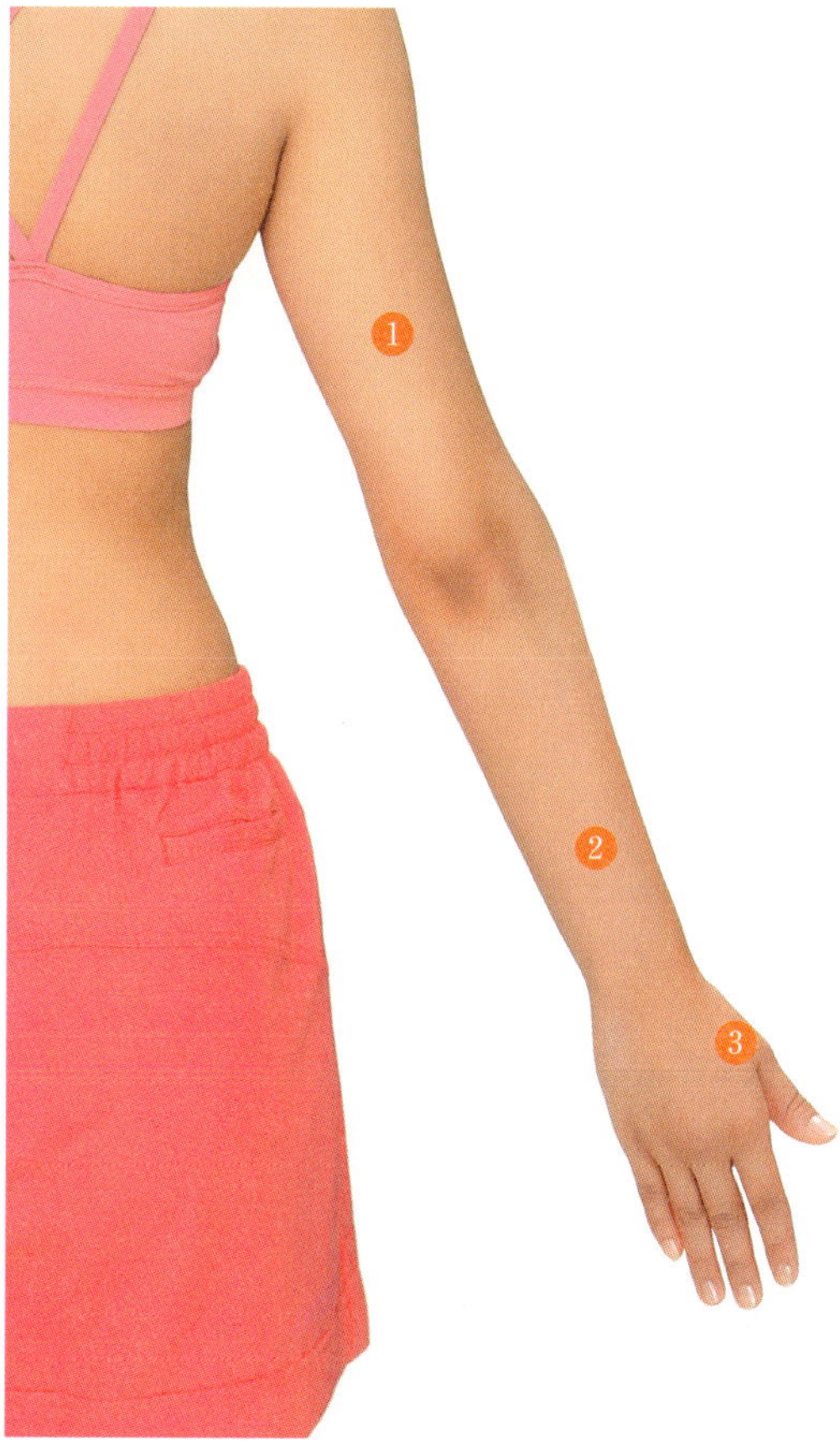

❶ 青霊（せいれい）

上腕の内側、わきの下とひじを結んだ線でひじから３分の１上

二の腕のたるみの他、ストレス、不安定な心、自律神経のバランスをとるにもよい経絡のツボ。→二の腕

❸ 太淵（たいえん）

手の親指の付け根。拍動を感じる部位

皮膚にいく血流を良くし、毛穴の老廃物をためこまないようにする。とくにたるみ毛穴に。→毛穴＆化粧ノリ

❷ 尺沢（しゃくたく）

ひじの内側、しわ上で親指側にある筋肉の外側にあるくぼみ

気のめぐりをよくし、余分な老廃物、水分を流してむくみを解消。

❶ 消濼（しょうれき）

肩とひじのまん中。押すとびりっとする。

水の調節に関係する経絡。老廃物を流し、二の腕のぶにょぶにょ解消に。→二の腕

❸ 合谷（ごうこく）

手の甲の親指と人差し指が合わさる付け根のへこんだ部位、人差指側

消化機能をスムーズにし、皮脂を調整。ニキビ、肌荒れ、顔のてかりに。特に皮脂毛穴に。消化吸収を良くする。吹き出物にもよい。
→大人ニキビ、毛穴＆化粧ノリ

❷ 支溝（しこう）

手の甲の手首の中心から指４本分ひじ側

顔のむくみの改善。肌のはりに効果。身に水分（津液）を行きわたらせる役目がある。気の流れをスムーズにする。顔のむくみを防止。全身のむくみに効果あり。

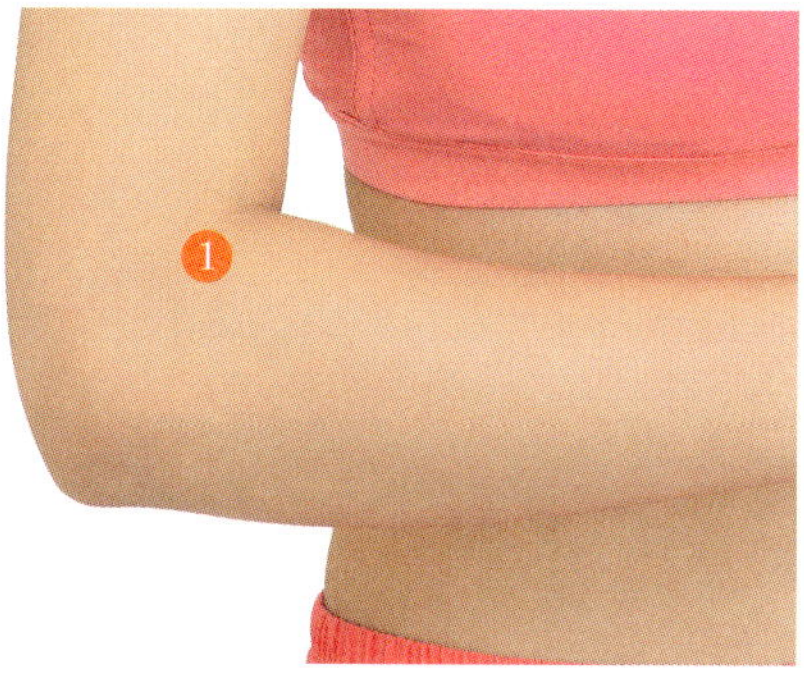

❶ 曲池（きょくち）

肘を深く曲げたときにできるしわの先端のくぼみ

口・あごのしわ、たるみ、吹き出物、肝斑に効果あり。

1 関元（かんげん）

おへそから指４本分下。いわゆる丹田といわれる部位

アンチエイジング効果。体の代謝を上げる。冷えを解消。代謝アップで脂肪燃焼を促す。冷えをとる。加齢によってターンオーバーが遅くなることによるニキビに。**→ほうれい線、大人ニキビ、ぽっこりおなか**

2 中脘（ちゅうかん）

おへそから指６本分上

消化器系の働きを調整する代表的なつぼ。消化吸収の働きを良くし、脂肪をためこまない体質づくりに。**→肝斑、ぽっこりおなか、小顔**

3 天枢（てんすう）

おへそから指３本分左右

いらないものをため込まない。便秘にも。**→ぽっこりおなか**

4 水分（すいぶん）

おへそから上に親指１本分の部位

体にたまっている余分な水分を取り除く。**→脚のむくみ**

5 帯脈（たいみゃく）

おへその中央を通る水平ラインで体の脇

ウエストのくびれに効果的。バランスのいいウエストラインを作る。婦人科疾患にも。腰痛にも効果。**→ウエストシェイプ**

6 衝門（しょうもん）

脚の付け根の拍動を感じる部位

消化、吸収をよくし、脂肪をためこまない。下肢の血行をよくし、代謝をアップさせる。冷えにも効果。**→太もも**

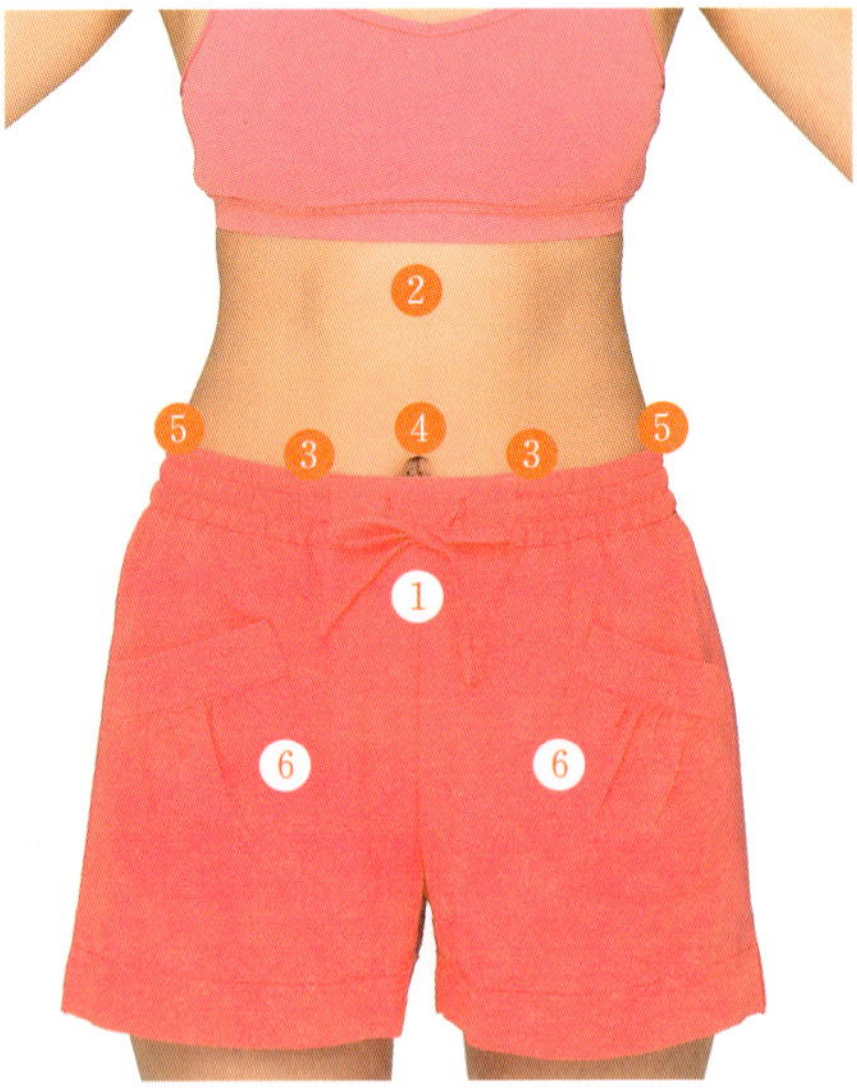

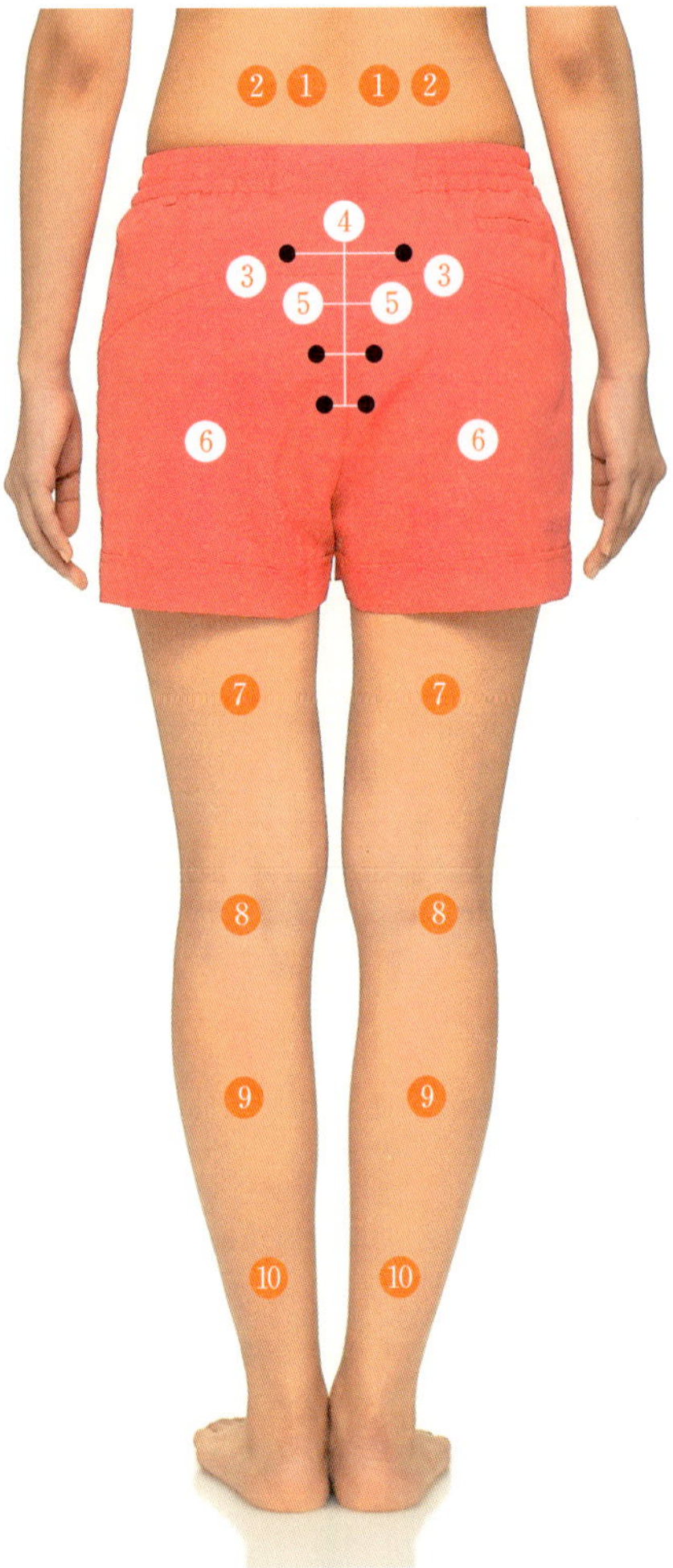

1 腎兪（じんゆ）

おへその真後ろの背骨から指1.5本分離れた部位

水の代謝を良くする。体の中から代謝を良くし、むくみ、冷えを解消。腰痛、婦人科疾患にも良い。

2 志室（ししつ）

❶腎兪から指1.5本分離れた部位

冷え、慢性疲労、下痢、腹痛、腰痛、婦人科疾患に効き目。元気がでるツボとしても効果あり。**→ウエストシェイプ**

3 胞肓（ほうこう）

でん部の平らな骨（仙骨）にある上から2番目くぼみ、そこから指3本分ほど外側

婦人科疾患、泌尿器疾患、痔などに効果。お尻の冷えをとる。お尻の血流を良くし、脂肪をため込まないようにする。**→ヒップアップ**

4 八髎穴（はちりょうけつ）

仙骨にある骨の穴。仙骨を押すとくぼみを感じる部位。左右４つずつ８穴ある

冷え性、ホルモンバランスを整えお肌のトラブルを解消する。

5 次髎（じりょう）

仙骨から左右にちょっと離れた部位にあるくぼみ（八髎穴のひとつ）

冷え性、ホルモンバランスを整えお肌のトラブルを解消する。

6 承扶（しょうふ）

お尻の下でちょうど横じわの中央

お尻のむくみやぜい肉を取り除く効果。**→ヒップアップ**

7 殷門（いんもん）

お尻の下でちょうど横じわの中央

太もものむくみに。腰痛、坐骨神経痛にもgood。**→太もも**

8 委中（いちゅう）

ひざの裏、しわの真ん中の拍動部

お尻のむくみや脚のむくみを解消。血行を良くする。ほっそり足には欠かせない。ぜい肉を取り除く効果。**→脚のむくみ、ふくらはぎ**

9 承筋（しょうきん）

ふくらはぎのふくらみのまん中

ふくらはぎのだるさの解消。筋肉痛にも。**→ふくらはぎ**

10 承山（しょうざん）

ふくらはぎの筋肉がアキレス腱に変わる位置

足のむくみ、だるさ、膝や腰の痛みにも効果あり。**→脚のむくみ**

❶ 地機（ちき）
ひざの内側にある骨の突起と、内くるぶしの最高部を結んだ線の上から３分の１くらいのところ
ストレス、暴飲暴食からくるむくみに特に効く。

❷ 太谿（たいけい）
内くるぶしとアキレス腱の間で拍動を感じる部位
ホルモンを調整し、ターンオーバーをスムーズに。アンチエイジング効果あり。婦人科疾患にも効く女性には欠かせないツボのひとつ。→肝斑、毛穴＆化粧ノリ、脚のむくみ

❸ 三陰交（さんいんこう）
内くるぶしの最高部から指４本上
脾経のつぼで、ホルモン調整、血のめぐり、消化機能を高める、冷え、月経痛。→大人ニキビ、肝斑、バストアップ

❹ 水泉（すいせん）
内くるぶしの下方、かかとの骨にあるくぼみ
足のむくみ、冷えによい。→足首

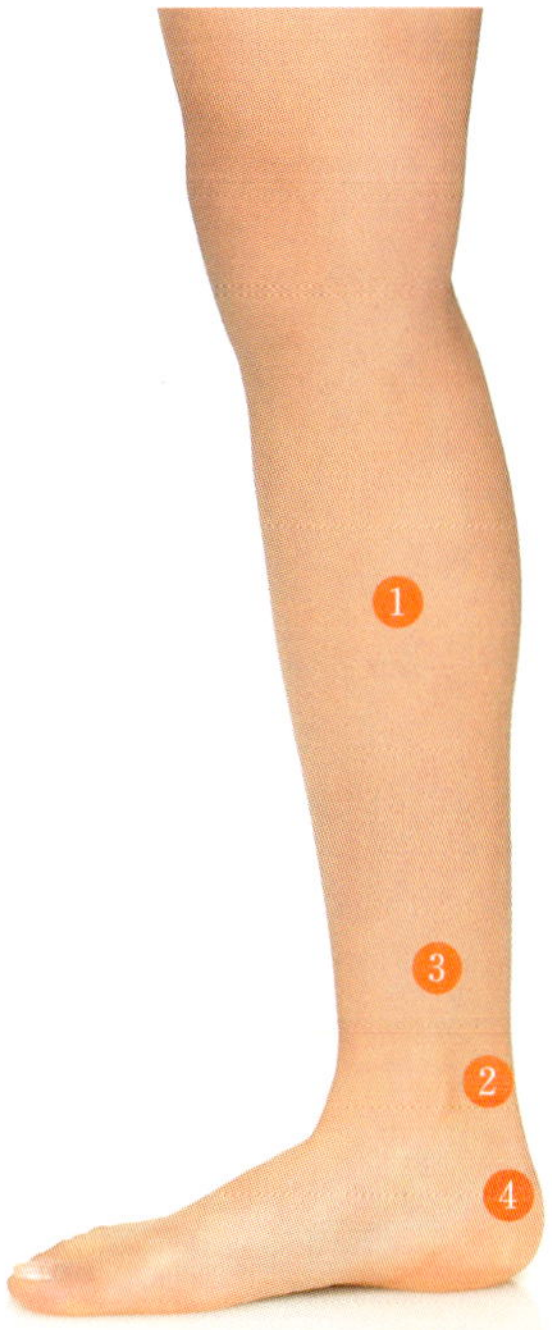

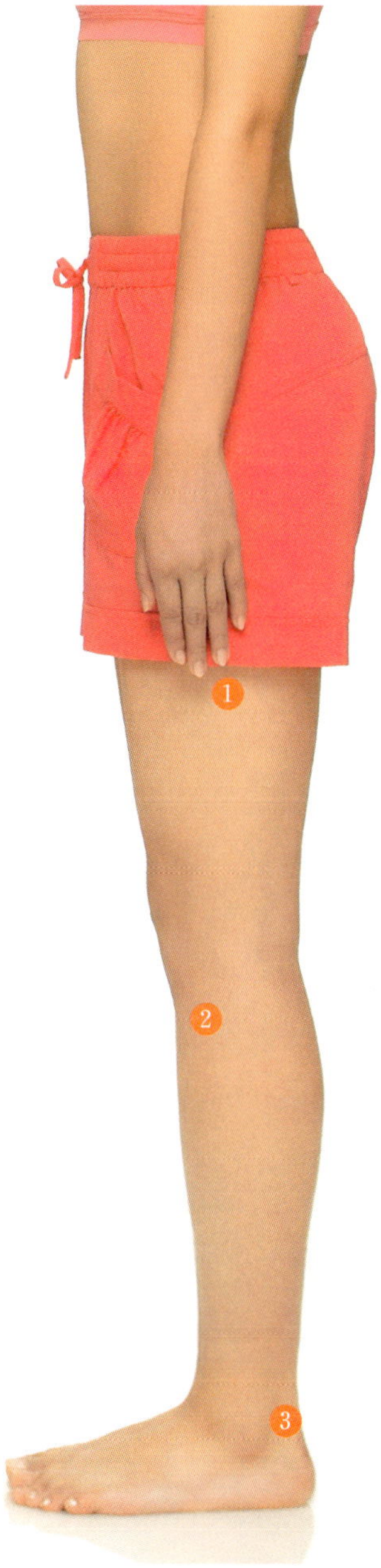

❶ 風市（ふうし）
腕を体の横につけたとき、中指の先が当たる部位
食物と水分の消化・吸収をよくし、下肢のむくみや血流を良くする。→太もも

❷ 足三里（あしさんり）
ひざの皿の外側下のくぼみから指４本分下、向こうずねの外側
消化機能を調整し、脂肪をため込まない体づくりを。お腹のトラブル解消の代表的なつぼでもあります。→ぽっこりおなか、ふくらはぎ

❸ 崑崙（こんろん）
外くるぶしとアキレス腱の間にあるくぼみで、かかとの骨にぶつかる部位
むくんだ足首をほっそりさせる。腰痛、冷えにも good。→足首

❶ 太衝（たいしょう）
足の親指と人差し指の骨の接合部分
肝の働きをよくし、目の血行をよくする。眼の疲れの緩和。涙の量、目のうるおいを調節し、目の老化を防ぐ。
→目尻のしわ、肝斑、目のクマ

❷ 行間（こうかん）
足の親指の付け根で、人差し指との間
熱、炎症を解消するツボ。鎮痛効果があり、頭痛や生理痛などにも。
→肝斑、大人ニキビ

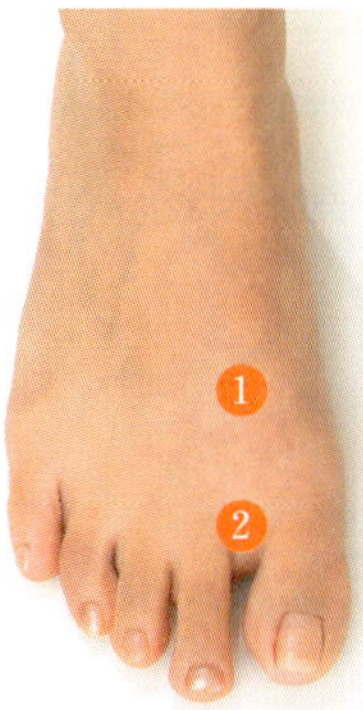

おわりに

本当の「美」とは

私の理想は、歳を重ねるごとに美しくなることです。

もちろん、お肌の美しさは赤ちゃんには勝てっこありません。そうとはわかっていても、ずっとずっと赤ちゃんのようなモチモチすべすべのお肌でいたいと願うものです。そこで、できるだけぷるんぷるんとしたお肌をキープしながら、歳を重ねるからこそ湧き出る「美」をプラスすることで、若いだけでは得られない真の美を追求したいと考えています。

美しさにはいろいろな考えがあるかと思います。物理的に新しいもの。家具でも買ったばかりのものはきれいです。人でいえば赤ちゃんのお肌。文句なしにすべすべの透き通るような美しいお肌です。これは目に見える美しさそのもの。

こんな美しさもあります。何十年も何百年も使っている家具。なんともいえない重厚感と温もり、そして歴史が感じられ、とても味わい深い美しさがあります。しかし、古ければなんでも美しいというわけではありません。大切にお手入れされ、磨き上げられたという目に見える美しさに加えて、大切にされてきたという背景が目に見えない美しさを醸し出し、総合的に美しさに深みが出ます。

人も同じだと思うのです。

自分磨きのセルフケアで目に見える美しさを保ち、生き方そのものが醸し出す見えない美を加えることで、真の美が作り上げられると思うのです。美しく歳を重ねていることがわかるものの例として「顔のしわ」があります。顔には20種類以上の表情筋という筋肉が働いています。痛みやストレスを抱え日常生活を送っていると眉間や額にしわが多くなります。

人と話すことなく表情筋を使わないでいると、全体的に筋が衰えてしわやたるみが目立ち、実年齢以上に見られてしまいます。

心身が健康で、毎日生き生きと暮らすことができ、穏やかな気持ちの人は、自然と、その人に刻まれる顔のしわも、眉間や額のしわは少なく、笑いじわなど顔の印象をぐっとプラスに働かせるしわができます。そのしわは、その人の人生がいかに幸せであるかを感じさせ、美しく歳を重ねることへの憧れの念をも抱くものです。このとき、しわは、ただの老化現象、美の敵ではなく、美しさを表現するしわとなるのです。

私は、日々の鍼灸施術で美容鍼もしていますが、ストレスが多く不規則な生活でホルモンが乱れて冷え性などの症状も出ている20代の女性より、子育てを無事に終えて第二の青春を謳歌している60代の女性のお肌のほうが潤っている、という事実を目の当たりにしています。実年齢とお肌の年齢は、20歳も過ぎれば比例するとも限らないのです。

見に見える美しさ、目に見えない美しさのもとは実は一緒です。それは〝みなぎる生命力〟です。この生命力をいかに高めるかが、美しく歳を重ねる、つまりアンチエイジングの鍵となります。私は「健康な心身なくして美は得られない」と考えます。美しさの90パーセントは体の中から作られると思うのです。

まずは日々のセルフケアで生命力アップを心がけ、土台をしっかりとさせることが大切です。よく眠れる、美味しくバランスよい食生活を送れる、心が安定している、排便排尿もすっきり――そんな心身のバランスがよい状態を作り出すことができれば、自然と内面から生きる力がみなぎってきます。

そのパワーが真の美しさを作るのです。このパワーによって新陳代謝が良くなり、ホルモンバランスも整い、お肌のターンオーバーもスムーズにいき、肌のつや、潤い、しわ、むくみも調整してくれるというわけです。

ひとりでも多くの方が、かっさ板を使ったセルフケアによって自分の中にある生命力を高め、心も体も健康になり、歳を重ねるにつれてますます美しくなっていってほしいと願います。

第1弾に引き続き、多くの方のご協力のおかげで、この本を世に出すことができました。ありがとうございます。

薄井理恵

“なでる”だけのお手軽全身マッサージ

ナチュラルかっさケア

薄井理恵

好評発売中

なめらかな肌触りと程よい重みがマッサージに最適な、天然石で作ったオリジナルかっさ板のついた第1弾。肩こり、便秘、ダイエットから生理痛、イライラ解消まで、かっさケアで全身のあらゆるお悩みを解消しましょう!

B5判･並製／96ページ／天然石オリジナルかっさ板つき
ISBN978-4-484-11218-3　定価2310円(税込)

【目次】

3分でできる! 全身ケア

お悩み解消! 症状別ケア

肩こり・首こり／頭痛／腰痛／便秘／脚のむくみ／冷え／
風邪（予防と症状の緩和）／不眠／疲れ目／生理痛

かっさだからできる! あんなケア、こんなケア

ダイエット／二日酔い／薄毛・抜け毛予防／イライラ解消／
集中力アップ／物忘れ／夜間頻尿

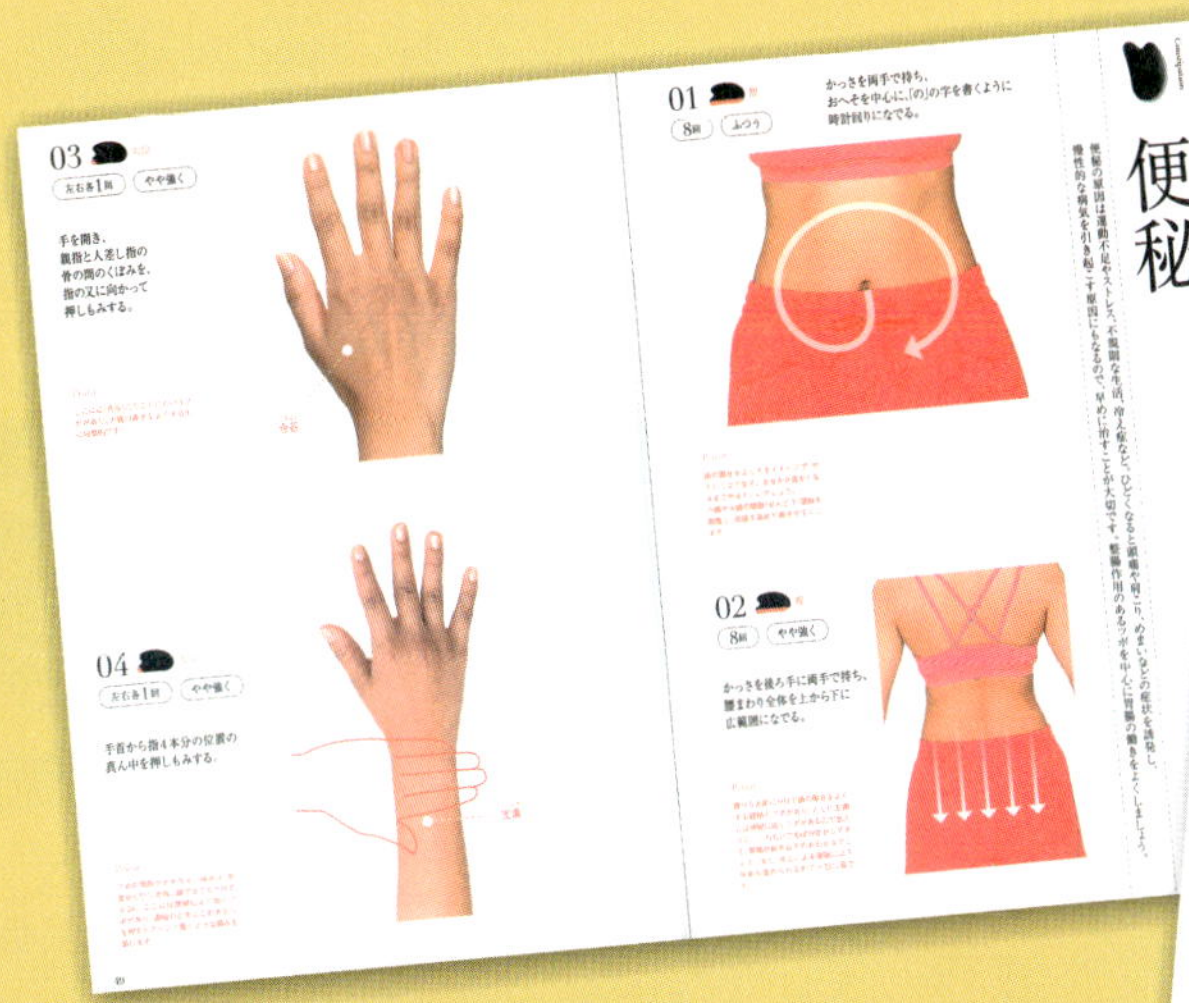

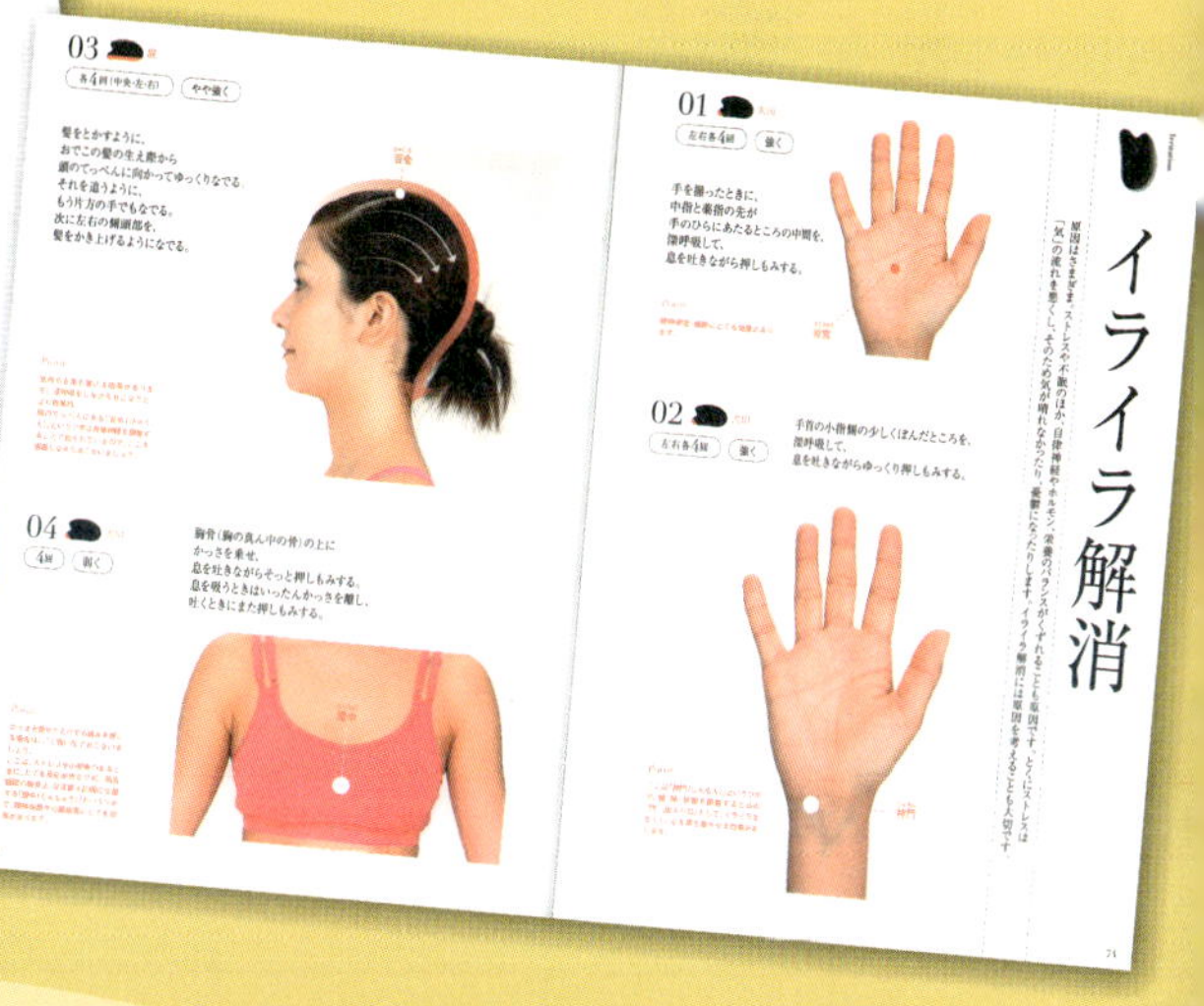

2012年
7月発売予定

第3弾発売決定!!

薄井理恵先生の天然石オリジナルかっさ板がもう1個ほしい、
もっと詳しい使い方を教えてほしい……そんな声にお応えして、
解説DVD付きのかっさ板の発売が決定しました！
理恵先生みずからが、かっさ板の使い方やなで方のコツ、
さらに、即効性抜群の“裏ワザ”まで伝授いたします。

薄井理恵（うすい・りえ）

鍼灸師。RIE鍼灸院ナチュラルヒーリングプレイス院長。
一般社団法人日本経絡セルフケア協会代表理事。
中央医療専門学校非常勤講師。

幼少時代より鍼灸師の母親のアシスタントとして鍼灸が身近にある環境で育つ。高校はアメリカに留学。帰国後、立教女学院短期大学在学中に日本鍼灸理療専門学校入学。松下幸之助氏などの鍼医を務めた故・黒田嘉孝氏に師事し、その後15年にわたって経絡治療（脈状診）を学ぶ。1994年に鍼灸師国家資格を取得、母の薄井鍼療所で鍼灸師として治療を始める。96年、東京医療専門学校で教員免許取得。同年より2001年まで同校非常勤講師、03年より中央医療専門学校非常勤講師として鍼灸師養成に携わる。10年、RIE鍼灸院ナチュラルヒーリングプレイスを開院。日々の診療では女性疾患に焦点を当て、エイジングケアに力を注いでいる。「女性が心身ともに美しく、健康でいられるように」がモットー。また留学経験で得た語学と人脈を生かし、ニューヨークでは主にアンチエイジングのための美容鍼、北京では主にかっさによる治療を修得。アジア各国をまわり、ナチュラルヒーリングを研究、治療に役立てている。かっさや耳ツボを使った講習会を開催し、自治体を通じた健康維持のための講習会等もボランティアでおこなう。特技は料理。

一般社団法人日本経絡セルフケア協会
http://www.k-raku.org

［メルマガ会員募集］
理恵先生がかっさケアの裏ワザをお教えします。
ご希望の方は、こちらからエントリーしてください。
http://rjp.co.jp/entry_kassa.html

RIE鍼灸院 ナチュラルヒーリングプレイス

手首の脈から体の状態を読み取る「脈状診」による鍼灸治療と、かっさで丹田（たんでん）を温めて生命力を高める治療をベースとし、気になる症状に対しては鍼、かっさを使って局所治療を施す。耳つぼマッサージや、スワロフスキーのクリスタルをあしらったオリジナル耳つぼシールも人気。

東京都目黒区下目黒3-2-6
JR・東京メトロ・都営地下鉄
「目黒」駅より徒歩８分。
東急線「不動前」駅より徒歩９分。
下目黒郵便局裏手。駐車場完備。
完全予約制：info@rjp.co.jp
http://www.rjp.co.jp/nhp.html

ナチュラル黒かっさ

もっと本格的にかっさケアをしたい、付録のかっさ板じゃ物足りない、かっさ板をプレゼントにしたい……そんな方のための最高級かっさ板。しっかりとした厚みと重み、総クリスタルのビーズストラップが魅力。

ご購入・お問い合わせは日本経絡セルフケア協会まで
http://www.k-raku.org　※店頭販売はしておりません。

●ブックデザイン
アートディレクター　大橋真帆（SANKAKUSHA）
デザイナー　尾崎由佳、大橋健司（SANKAKUSHA）
イラスト　まゆみん

●撮影
カメラマン　伊田淑乃＋STUDIO M2
ヘアメイク　神﨑美香
モデル　橋本咲彩（Tiara Girl）

●協力
千葉恵美
薄井智恵、福永理子（Radiance & Co.）
薄井修子
舟田アヤ（SANKAKUSHA）

“なでる”だけの簡単ケアで
美肌も小顔もスリムボディも!
ナチュラルかっさケアBeauty

2012年5月11日　初版発行

著者　薄井理恵

発行者　五百井健至
発行所　株式会社阪急コミュニケーションズ
〒153-8541
東京都目黒区目黒1丁目24番12号
電話　03-5436-5721（販売）
03-5436-5735（編集）
振替　00110-4-131334

印刷・製本　大日本印刷株式会社

Printed in Japan
ISBN978-4-484-12212-0